國際關係理論的啓蒙與反思

⊙ 李英明 著

序 言

　　國際政治／關係理論可以說是一門新興發展的學科，它是從第二次大戰以後才開始從政治學的領域獨立出來，專門研究國家與國家之間互動模式的議題。傳統的國際政治／關係理論可大致分為現實主義和自由主義兩大範疇，儘管兩者的論述內涵不盡相同，但都是以西方啟蒙以來所形塑完成的民族國家的概念作為論述的起始點；也因此，民族國家的存在與作為國際政治互動的主體、無政府狀態前提的預設或是國際建制規範的必要性、結構制約下的理性選擇或是對相對／絕對利得的追求，往往被當成研究的重點甚至是論述的先決要件，特別是無政府狀態的預設以及結構制約下的理性選擇，往往被當成是國際關係理論的金科玉律，成為一種不證自明的真理，然而，真的是如此嗎？這正是本書所試圖要釐清的地方。

　　本書從對國際政治理論中一些被視為約定俗成的觀念／概念下手，反思這些觀念／概念形成的原因與盲點，像

是無政府狀態的存在，以及通過無政府狀態所延伸出來的種種結構制約或是權力追求下的國際互動模式／規則。在這裡，我們採用建構主義的觀點，而且融合社會學中一些理論，像是社會資本的概念，說明國際關係理論中許多前提預設其實是一種「建構存在」而非「必然客觀存在」，國際政治理論中的結構觀念以及由其延伸出來的理性選擇／博奕觀念，也只是一種「走了一半」的分析方式，將結構當成是一種給定、既定的制約，忽略了結構與主體能動者之間的辯證關係，結構不該只是博奕選擇的一個背景，而是參與博奕選擇的一環；國家間的互動不是一種類似經濟理性下的博奕選擇，更大程度是屬於社會理性下的博奕互動，這部分包含種種社會資本的探討，像是關係、信任等等，換言之，如果真的要將國際政治看成是一個博奕的過程，那麼，它應該是一種由社會關係出發作思考的博奕，而非純然的經濟人式的理性博奕。

　　本書的前半部著重在對方法論上的探討，後半部分則更涉及對認識論和本體論的探討，特別是著重由民族國家向全球整體概念過渡的概念如何可能。傳統的國際政治受西方啓蒙傳統的影響，習慣以國家為出發點來看待國際發展互動，然而在全球化時代，國家的勢力和影響力皆已受到其他組織／行動體的碰撞而改變，國際事務也不再像以

往一般的只侷限於國與國之間的交涉互動，更多時候是由非政府組織或跨國組織所主導，這種現象使得由以國家爲主體的國際關係研究受到衝擊，取而代之的是全球治理觀念的興起，這種由國家往全球、個體往整體主義的發展，涉及的是知識論和本體論上的轉變，我們在書中也將作一番說明，同時，我們也將運用全球治理這個概念，來分析兩岸未來可能的發展。

　　本書可以說是作者嘗試用不一樣的思維邏輯，來提供國際關係／政治一個不同的研究面向，本書的出版，要感謝賴皆興同學的整理校對，以及趙文瑾、林祈昱、龔祥生同學的編排打字，還要感謝揚智文化的葉總經理、林總編輯和閻副總編輯的幫助。這是一本嘗試之作，疏漏或不到之處在所難免，希望各位先賢可以不吝指正。

李 英 明

謹序於台北木柵
2004.6.1

目　錄

◆

第一章　國際政治中的結構博奕

　　有關全球化的論述中，民族國家或國家的角色的轉變
問題、或爲核心的爭辯議題，目前仍然方興未艾且繼續發
展，這其中其實就涉及本體論的問題：到底國家能否繼續
作爲分析全球或世界的基本單位；或者說國家是不是組成
這個全球或世界的基本元素。

　　本論述試圖從上述問題的分析出發，從而進一步對國
際關係理論進行反思，然後再回到本體論上進行重建，嘗
試爲國際關係理論奠定更爲全球性的本體論基礎上。

一、傳統國際政治中的結構概念

　　國際關係理論中的古典現實主義，從人性是惡的設定
出發展開論述；這種論述當然是對應於理想主義而來，有
其歷史的合理性；不過，「人性是惡的」被古典現實主義
當作論述的邏輯前提，這使其從完全的個體理性出發，論
述國家對權力追求的必然性和合理性[1]。這種論述方式其實
是非常個體論（individualism）的，把作爲「性惡的」決策
者或掌權者所代表的國家視爲可以純粹的經濟人角色，展
開對權力和利益的追求。而新現實主義則轉而從「無政府」
狀態出發，把「無政府狀態」當作結構，論述在這個結構

制約之下，國家如何展開對安全利益的追求。這種轉機在
方法論上的意義，其實是從個體論轉向整體論（holism）；
但是，「無政府狀態」在新現實主義的論述中，只被當成
是「自然狀態」、或邏輯最初狀態，以致於在展開論述時，
幾乎還是從完全的個體理性出發，從而使整個論述還是沒
有擺脫個體論的色彩。不過，「結構」導向這個制約力也
一直糾纏著新現實主義者，使他們會不斷從國家「自顧自」
的選擇和行動中，去反證「無政府狀態」存在的現實性。
亦即，新現實主義者從把「無政府狀態」當作抽象的初始
狀態出發，進而再透過國家的選擇和行動賦予「無政府狀
態」的現實性；如此一來的「無政府狀態」就不只是現實
的，而且還是物質有形的，是種種具體的權力、利益的爭
奪和角逐的場域。亦即，新現實主義企圖告訴人們，「無
政府狀態」是先驗的，但是可以作用於國家，使國家的選
擇和行動成為可能；而通過國家的選擇和行動，不只使「無
政府狀態」繼續具有先驗的地位，而且是相當具體有形的。
其實，新現實主義就在這個關鍵點上陷入了困境；因為，
如此一來，「無政府狀態」到底能不能只當作是自然狀態、
或邏輯最初狀態，就成為一個棘手的問題；而且，照新現
實主義論述的邏輯和脈絡來看，「無政府狀態」似乎也是
被建構的。

　　現實世界中，自然狀態或邏輯最初狀態，就如物理學
所說的真空一樣是不存在的。我們如果要幫新現實主義擺
脫上述的困境，就應該強調「無政府狀態」是通過建構形
成的，同時先在的或也可以說先驗的再去制約國家的選擇
和行動；而國家的選擇和行動又繼續使「無政府狀態」具
體且有形的存在。

　　古典現實主義從人性假設出發，把行動體當作是純粹
的經濟人，並按經濟博奕的抽象原則，論述了行動體對權
力和利益的追求。儘管，個別行動體的邏輯顯然已經能及
兩造（人）或多造（人）的互動；但是，古典現實主義仍
然認爲行動體是以抽象孤立的方式做出決定。亦即，古典
現實主義並沒有從博奕各方的地位和社會關係出發，分析
行動體是如何選擇和行動的；行動體的選擇和行動是抽離
於社會關係和脈絡之外的。抽象的人性假設，導致將行動
體視爲抽象的原子或單子式的個體，從而認爲他們就會偏
狹的追求私利和包括權力在內的慾望的滿足，這個古典現
實主義論述的邏輯脈絡。

　　新現實主義一方面似乎想擺脫古典現實主義的困境，
轉而觸及到結構向度的問題。但在另一方面，其並沒有真
正處理「結構與行動體（個體）之間關係」的問題，從而
使其徒具結構之名，而無真正的結構分析之實。從合邏輯

的角度來看，既然觸及到結構向度的問題；就不能再繼續從純粹理性選擇和博奕的角度去展開分析，如上述把「無政府狀態」只當作一個自然初始狀態來加以看待；而應該轉而從結構博奕（在結構制約下進行博奕或選擇）的角度展開論述。

　　行動體當然可以具有經濟人的角色或屬性，但是其遂行經濟人的角色實則必須以其作為社會人（存在者）的角色為基礎。亦即，行動體的具有目的性的選擇和行動是鑲嵌在現實的，正在運作發展的社會關係脈絡之中的。亦即，我們必須從現實的社會關係或行動體間的關係中，去看待和分析結構與行動體的選擇行動之間的問題，這個問題如果簡化點來說，就是行動體如何在行動體彼此的關係或社會關係中進行選擇行動的？而如果我們進一步把這種觀念放到新現實主義論述框架中，我們或許可以說，新現實主義論述的核心問題應該是：作為最重要的行動體的國家，如何在具體的「無政府狀態」的結構中，以及國家與國家或國家與其他行動體的彼此關係中進行選擇和行動的？

　　在結構中博奕，當然涉及到結構行動體的決定或制約，以及行動體的主體能動性和選擇上的自由的問題；因此，討論分析行動體如何在結構中博奕或選擇，很容易不是掉入結構決定論就是掉入主體主義式的建構論中；這兩

種近乎二元論式的解釋和分析，都同樣犯了化約主義的錯誤，並且將主體和客體，以及物質屬性和符號表述割裂開來。結構本身不管是被稱爲具體有形的物質實體，還是被看成是符號的呈現，都處在不斷被改造和建構的過程中，而這樣的動態的過程，將使行動體的選擇和行動出現持續性和多樣性。結構對行動體而言，具有使動性從而才算具有制約性；而反過來說，行動體對結構而言，也具有建構性。結構不是一種靜態被給定的（given）東西，行動體也不是孤立的原子或單子般運行在關係網路之外，行動體的選擇和行動是動態的、具有（社會）結構性的；而結構與行動體或個體的關係也是動態不斷發展的；講得更仔細點，結構既是對行動體制約，同時也使行動體可以在結構中或利用結構進行選擇和行動，進而再生產出結構；而如此一來，結構就內在於行動體的行動和互動之中。行動體不是抽象的單子式或原子式的個體，而是在（社會）結構的，集體的或階級（層）的行動體，而這樣的行動體是生產創造或建構（社會）結構的動力。結構制約成結構化是客體創造主體，但選擇和行動則是主體創造了客體；兩個維度形成辯證互動，造成主體與客體的統一，亦即（社會）結構與行動體的結合。

二、「結構」在方法論上的思考

　　有關「結構」的討論，歷經了一個演變的過程。英國社會學家 Alfred Reginald Radcliffe Brown 認為，結構是各種具體有形關係的總和，亦即是能夠看的見的實體。這是從客體主義的角度去看「結構」。而 Ferdinand de Saussure 則認為結構是一套語言（符號）系統，結構不是實體。它是通過語言（符號）來表現的；以及結構是通過語言（符號）間的關係來構成的，而通過某種客觀的有關語言（符號）的知識的建立，可以客觀的掌握和理解「結構」。其實，Saussure 更企圖告訴我們，「結構」是一套意義，而意義是透過語言（符號）間的關係延展出來的。很明顯的，Saussure 從唯名論（nominalism）來看結構，把他看成是通過語言（符號）來呈現的意義系統；不過，值得注意的是，Saussure 並沒有從本體主義或人本主義的角度去談語言（符號）變化以及如何被使用。而 Levi-Strauss 繼承發展了 Saussure 的觀點除了強調結構與實體無關係，更將「結構」轉成方法論上的分析途徑。亦即，Levi-Strauss 將「結構」轉成一種分析模式。不過，Levi-Strauss 延續 Saussure 認為

結構是一種語言符號體系，它以一種「無意識」的狀態決定個體或行動體的位置和特殊性；行動體或個體的特殊性取決於個體或行動體在以語言符號爲載體的結構中的位置[2]。

　　既然結構是語言符號，不是實際的實體；那麼 Saussure 與 Levi-Strauss 的「結構」被認爲是非歷史的或去歷史的，一種自足的、自動自發的語言符號規則支配且決定了結構的屬性和變化。

　　而以 Derrida 和 Foucault 等爲代表的後結構主義，一方面接受上述這種從語言符號學（semiotics）來論結構的角度，而另一方面則反對存在穩定的語言符號結構的觀點。他們認爲以語言符號呈現的意義永遠不可能固定，以至於結構是不斷變化發展的。不過，結構如果是流動的，到底能否被認識和掌握，也會成爲一個嚴肅的方法論和知識論的問題[3]。

　　通過以上有關「結構」的論述的簡單回顧；其實，我們嘗試對所謂「結構」作出以下的說明：(1)「結構」不只是實體，而更是通過語言符號表現的意義網絡；(2)「結構」不應該只被當成是一個客觀的關係總和或客觀的實體，而還可以被看成是一種模式，或分析途徑；(3)「結構」是對應於行動體或個體而存在的；不能把兩者的關係化約爲結構決定或特殊選擇這種客體主義或主體主義的關係;(4)「結

構」是行動體通過選擇和行動建構起來的，亦即，結構經
常處在不斷被建構的過程中，它不是純粹先驗的始初狀態
或自然狀態；(5)「結構」與行動體是相互創造、相互滲透、
互為條件的，其間不是二元對立的關係。

　　亦即「結構」可以是一個客體實體，指涉地理和物質
的世界；它也可以是一種制度規範；或一套語言符號系統，
它可以作為一個心理的或認知的概念；或甚至作為一個與
依託人的實踐而來的建構或運作相連結的一種過程；更重
要的是它可以作為一種理念。概念指出某種東西之所以為
某種東西的物質或形式，而理念則可以進一步表達東西所
能達到的或發展成為的最好或更好的狀態。在分析上，「結
構」可以如此多樣的被看待；在具體的實踐中，「結構」
的多樣性是可以被綜合在一起的；而且，在具體的實踐中，
「結構」其實是被轉成種種的認知圖而被融入選擇和行動
中的；行動體依循作為認知圖的「結構」選擇和行動，從
而展開了結構運作，甚至改變創造了結構，形成了不同的
社會關係網絡或認知圖案。在某種意義上，「結構」不管
是作為一種概念或理念；它首先是行動體思維和心智能力
的表現，其次，這種展現，不只是一種心智思維上的運作，
更是總體的行動運作。行動體的總體行動歷經從「自我中
心」釋放出來的去中心化的外化過程，以及轉而建立一種

相互協調的並互起作用的關係網絡的過程;這整個過程包括了主客體間彼此的順應、同化和相互創造;而這整個過程就是結構的產生,結構總是處在不斷的建構和再建構的過程中;而之所以如此,關鍵在於行動體的主體能動性[4]。

換另一個角度來看,「理性」展現的基礎,在於行動體的「結構」認知圖;而理性選擇其實就是就是依循「結構」認知圖,進行算計;開展結構運作,從而有可能反過來改變作爲實體的結構或作爲認知圖的結構。結構如果通過文字符號語言成爲行動體的認知圖時,它對行動體而言,一方面當然是制約,另一方面卻已經成爲行動體之所以是「理性的」的現實基礎。

三、國際政治理論對結構概念的迷思:無政府狀態的前提預設

古典現實主義抽離結構,對作爲行動體的國家的選擇和行動體進行論述,使其陷入抽象的個體理性選擇或抽象的經濟行動體的分析困境中;而新現實主義雖然注意到結構對於分析個體或行動體的選擇和行動體的邏輯必要性,但是,「結構」始終主要是作爲一個分析上的抽象邏輯設定而已。從這個角度來看,新現實主義似乎傾向於把「結

構」當作一種模式，或當作一種分析途徑；可是，新現實
主義似乎並沒有真正展現方法論上「結構主義」
（structuralism）的分析能耐，而讓論述分析主要仍然停留
在個體主義的理性選擇的層次上；人們對於新現實主義的
期待應該是：能夠從國家作為最重要的行動體出發，看他
們如何在既是具體有形又是符號的「無政府狀態」結構中
進行選擇和行動，從而又如何生產或創造具有新內容的「無
政府狀態」的結構。

　　在結構中進行選擇和行動，除了涉及資源和利益分配
外，當然更與權力運作有關；而權力運作則與結構運作有
關；行動體可以通過包括暗示式的肢體語言和直接明示的
話語表達，引入包括各種關係（如血緣關係、科層制關係、
垂直的霸權關係、地緣關係）和與之相應的各種規範或制
度在內的某種結構，以界定行動體自身與行動對象在其中
的相對位置；這樣的活動和過程就是一種結構運作[5]。行動
體在結構中進行博奕，就是不斷地進行上述這樣的結構運
作。從這個角度來看，權力是行動體在一種社會關係中通
過結構運作表現出來的；亦即，權力既是社會關係又是行
動體結構運作的表現。而如果從這種結構運作的角度來
看，論述作為一個行動體的國家如何追求權力、利益或安
全，似乎不需要以「無政府狀態」作為分析上的運轉初始

基礎點；講的更明白一點，這種「無政府狀態」的設定，其實無助於新現實主義成爲現實主義和結構主義。

而且，就算把「無政府狀態」當作是一種結構，不管是作爲具體有形的實體或作爲一套語言符號系統，它與行動體之經驗的距離是有遠近差異的，從而使得結構與行動體之間存在著差序性；行動體在不同的事件、地點、時間中會動用不同的圈子或團體，以及進行不同的結構運作；從而使得結構與行動體之經驗距離，以及差序性發生變化。亦即，「無政府狀態」對於不同國家而言，具有不同的意義；而這些意義的差別是通過其與結構經驗距離的遠近以及從而到形成的差異性來表現的。例如，「無政府狀態」對於美國而言，是其建立以美國爲中心的霸權，進而主導世界秩序的合理化辯護的基礎；而對於許多非洲國家而言，「無政府狀態」或許就爲其必須接受霸權支配，從而使得非洲國家獲得「秩序」的重要理由。

此外，「無政府狀態」的設定，在某種意義上來說，爲的是替國家進行自顧自的選擇和行動奠立合理化的基礎。就現實主義在這樣邏輯的論述下，幾乎把國家都看做本質上相似的理性追求權力和利益的行動體；可是，國家間的博奕位階維度（如維持生存的資源，對能夠建立平等交換的資源的、可替代性選擇的範圍，包括武裝和經濟力

在內的實力等）具有結構性的不同，從而使其博奕地位也存在結構高低的差異；亦即，國家作爲一個行動體，其可選擇範圍或替代性選擇的可能性是存在差異的。而且，隨著實際博奕的屬性和場域的不同，以及博奕活動展開層次的不同，國家所會操作和展開的博奕位階維度也會有所不同，從而也就不斷決定其博奕地位的差異高低。而博奕位階維度的操作和開展，通過上述的結構運作，不同的規則被引入博奕結構中，進而去解決問題甚至困境。

四、本體論上的解構與再確立

迄今爲止，主流的國際關係理論仍然把國家或民族國家當作唯一或主要的分析單位；就算在全球化的論述中，也仍然有相當大的力量，堅持從國家主義（statism）的角度去論述全球化或全球治理；當然也有從後國家主義（post-statism）的角度去論述全球化[6]。不過，當今世界範圍內，除了國家或民族國家外，確實有存在跨國組織、超國家組織、跨國公司、非政府組織或全球性社會運動力量；這樣的現實，就算我們不去降低國家或民族國家的角色和作用，也很難再從純粹的國家主義的角度出發去進行相關的

分析。而且，爲了使分析和論述更貼近現實，我們或許必須跳出國家與非國家的二元劃分的框架，重新建構一個貼近現實的本體論。

在這裡，所謂本體論指的是有關全球或世界是由何種要素、元素、單位所組成的設定或論述。仍然堅持國家主義來論全球化問題的人，會繼續認爲國家仍然是全球唯一且最主要的組成元素或單位。而從後國家主義角度論全球化問題的人，則會認爲國家只是其中的一個元素，還必須重視非國家行動體的重要性。上述這兩種本體論的論述就如前述，並沒有跳出國家／非國家的二元論框架的制約；現實主義者基本上就是會從國家主義去看全球化；而國際關係理論中的自由主義者，基本上相對於現實主義，比較容易從後國家主義的角度來看全球化；當然後現代主義者，則更會從後國家主義的角度去看全球化。無論如何，國家與非國家行動體的並存是一個活生生的現實，國家會施展權力，非國家行動體也會表現影響力或權力；這些權力的展現不再是一種單純的由上而下的過程，可能是由下而上的、橫向進行或是以曲線方式，或者以螺旋方式來表現；亦即國家與非國家行動體的並存以及彼此的合縱連橫，構成了權力多形式、多文化的展現。

此外，如果我們因爲看到國家與非國家行動體的並

存，進而強調：國家與非國家行動體同樣都是全球或世界
組成的基本元素或要素，這等於宣告本體論的死亡；本體
論如果消亡，那麼有關國際關係理論或有關全球化論述的
新發展，恐怕就會遭到嚴重的挫敗；而其中最重要的是，
這個相關領域的典範就無法確立。在這裡，所謂的典範指
的是有關組成全球或世界的基本元素以何種方式相互結合
或互動的設定或論述。

　　本體論的確立，對於一個學科或論述領域來講，代表
基本的共同意識的形成；而典範的形塑則是通過這種共同
意識所形成的可以指導人們進行分析和理解的知識系統；
亦即，它是該學科或論述領域中共享的知識；依循它，人
們知道如何去看待、分析和理解事件和問題。

　　如果我們要跳出上述的國家／非國家二元對立的模
式；那麼，我們可以重新確立一個本體論，這個本體論認
爲，權威空間（space of authority）是全球或世界最基本的
組成元素或要素[7]。這種權威空間沒有固定的形狀、形式和
軌道，它可以依循國家地理疆界，或不必要與領土劃分的
疆界空間相一致，它具有高度的彈性和變化的可能性；而
且，它呈現各種行動體之間的形形色色的相互關係，從而
通過權力的行使和服從來表現。「這樣的空間事實上就是
新本體論的分析單位。它們在行爲體參與活動時行使權威

而造成的順從中得到辨別和確認」[8]。

　　從人性的設定出發進行分析，所呈現的是個體主義的方法論；而從結構的角度出發進行分析，所呈現的是整體主義的方法論，而結構轉變的分析，則企圖走一條介乎前兩者之間的方法論，調和個體主義和整體主義的二元對立的尷尬，從而強調行動體的選擇和行動體是鑲嵌在行動體之間的相互關係或社會網絡之中。這是一種關係主義的方法論，而與這種方法論相應的本體論，是不能強調某種單獨或個別的行動體是世界的基本組成元素或要素；反而必須強調權威空間是世界的基本組成元素或分析單位。這樣的世界不再是只存在或主要存在由上而下的權威行使的統治式（governing）的世界。在多樣化的權威空間中，行動體可以進行結構運作，也可以進行競爭、衝突、合作或聯盟。

　　總之，隨著國家／非國家行動體同時並存的現實，我們不再能以抽象的單獨因素作爲全球或世界的基本元素，而必須以能夠凸顯國家／非國家行動體間的關係網絡的東西作爲我們進行全球或世界分析的基本單位。因爲全球化是一個多因素（元素）推動，呈現多向度發展的過程，從單一因素出發進行分析，很容易陷入單一元素決定論或非常簡化的線性分析中，從而悖離全球或世界作爲一個網絡

存在的現實[9]。

五、以全球作爲一個本體的思考

　　方法論上的民族國家或國家主義已經支配社會科學研究相當久的時間；長期以來，我們一直以國家或與國家相依存的社會作爲研究對象；但是，隨著全球化的發展，或許我們必須嚴肅思考突破方法論上的民族國家或國家主義的制約；而以關係主義的方法論爲依據，重新確立上述的本體論，以期能夠彰顯作爲網絡而存在的全球或世界。把全球化當作一個現實或過程，很容易在論述上企圖建立宏大理論（grand theory）或宏大敘事（grand narrative），從而使分析解釋流於寬泛；但在另一方面我們又不可能繼續依循個體主義的方法論；因此，我們就必須走向上述能夠調和建構宏大理論和微觀分析張力的路。

　　傳統的以民族國家或國家作爲中心的分析，從維護所謂國家主權或利益出發，忽略掉大於國家的全球或世界、或亞於國家的社會和族群，都有著屬於他們自己所無法化約或還原爲國家取向的利益、主體性或主權。亦即，我們不能從國家取向出發，而化約或犧牲掉全球或世界以及次

國家群體的利益。全球或世界中，國家／非國家行動體都
是其重要的組成因素；我們不能從而把全球或世界看成只
是由國家之間或國家／非國家行動體之間，甚至是非國家
／非國家行動體之間衝突和合作所形成的；而應該注意
的，全球或世界作爲一個整體或體系，具有其超出國家或
非國家行動體的利益；這個利益可能使國家或非國家行動
體仍會彼此合縱連橫，都不願意去加以破壞；亦即它使國
家／非國家行動體間可能形成「一榮俱榮、一損俱損」的
均衡關係 [10]。全球環境生態問題、臭氧層問題、全球危機
等問題的日益突出和被強調，意味著存在著屬於全球或世
界而不是單純屬於國家的問題和利益。目前，對於全球化
的討論和爭論中，存在著上述國家主義或後國家主義的分
歧；但是，如果我們要超越這種幾乎也是二元對立的論述
觀點的話，我們必須進一步認識到，全球或世界也許是可
以作爲比國家更高的政治、文化或社會單位，從而存在著
從國家層次所無法設想的更大的事情和問題以及需要相應
於更大更高的價值標準[11]。以這樣的方式來理解全球或世
界，並不是企圖撩起另一波的烏托邦或理想主義的爭端，
把全球或世界看成是一個統一、具有中央權威的政治單
位，或需要形成同質化的制度組織；而是把全球或世界當
成是國家／非國家行動體共享的存在基礎；對國家／非國

家行動體而言都是無法分割的公共空間、場域和資源，簡
言之就是人們生命生存之所共繫。經這個角度觀之，全球
或世界也就不只是一種關係網路，而是直接作為一個本體
而存在。這樣的全球或世界「是個在概念上已經完成的世
界（conceptually completed world），是個已經完成了它的
完整性結構的世界，它承諾了世界的先驗完整性」[12]。不
過，作為本體而存在的全球或世界，一方面具有先驗性，
但另一方面也具有使國家／非國家行動體的生存或存在成
為可能的作用，亦即是在國家／非國家行動體的選擇和行
動中體現了全球和世界作為本體的必要性和經驗性。把全
球或世界當作本體，不是單純的要求一體化；而是在把全
球或世界當作共享的生存基礎上，國家／非國家行動體不
管在是在各個問題上的行動，都是可以獨立而且具有差異
性。

　　不管是現實主義或自由主義者，基本上都不以全球或
世界作為一個本體，而把國家當作組成全球或世界的基本
元素；現實主義者把自利和貪婪人性當成是自然的狀態，
從而賦予霸權的出現或存在某種道德的意涵或必要性；而
自由主義者則認為，在給予自利和貪婪人性的約束條件
下，以市場為基礎主要以國與國之間的合作制度或機制算
是人類可能的最好選擇。對這兩者而言，全球或世界是功

利性實踐的場域，或國家／非國家行動體合作衝突下的結果或表現；對他們而言，全球或世界是作爲地理現實、權力資源的有形物質世界；由於他們並沒有把全球或世界當作本體，那麼，他們很難想像一個屬於全球或世界整體的利益和價值存在；因此，對他們而言，其實全球或世界還沒有存在；從他們的論述中，我們看不到全球或世界[13]。儘管他們現在也在嘗試努力從國家主義或甚至是後國家主義的角度談論全球化；但是，他們還是沒有全球觀或世界觀，而只有國家觀，或以非國家行動體爲取向的觀點。

論述至此，我們可能會面臨一個質疑，因爲前面曾論及把全球化當作一個過程或現實，很容易讓我們掉入寬泛的宏大理論或方法論的整體主義之中；不過，把全球化或世界直接當作一個本體來看，主要在凸顯全球或世界不能簡單地被還原爲國家／非國家行動體的總合，它存在著無法被化約還原的不同於國家／非國家行動體的角色、利益、價值和意義。而我們前面曾以權威空間作爲全球或世界的基本元素或要素，擺脫了國家／非國家二元區隔的困境，凸顯了全球和世界範圍中的網絡關係的現實。這樣的分析層次是不同於以全球或世界作爲本體的層次，或者說是從屬於以全球或世界作爲本體的分析層次。核武威脅之所以有效，除了害怕國家之間的相互毀滅之外，還涉及到

造成或波及更大規模的人類生命和生態生存環境的破壞；
這其中就透露著全球或世界作爲一個整體，它存在著對國
家／非國家行動體「一榮俱榮，一損俱損」的制約平衡作
用力量；全球或世界所具有的這種無法被還原的利益和價
值，使其具有行使權威的角色；亦即全球或世界本身就是
一個最大的權威行使的空間；在其中又存在著許多各形各
色的權威空間。因此，把全球或世界直接當作本體，與把
權威空間當作全球或世界的基本組成元素或要素間，並不
會存在衝突。更進一步說，也並沒有妨礙我們前面努力想
要整合結構分析和理性選擇分析的企圖。

　　全球或世界存在著無法被化約或還原的利益和主體
性；在某種意義上，它如同個人或國家，是具有屬於自己
的自主性或主權的；因此，它也可以被視爲某種行動體；
不過，這樣的行動體之所以可能，是因爲它是國家／非國
家行動體共享的存在基礎，或是人們生命生存之所共繫；
所以它也可以參與國家／非國家行動體所進行的種種的結
構博奕之中；而它選擇和博奕的基礎，奠立在它本身就是
一個本體，它是國家／非國家行動體或個別個人之所以可
能生存存在的基礎；國家／非國家在全球或世界中進行種
種結構博奕，最終都不能去摧毀全球或世界，這是所有結
構博奕最終的底限；個人、民族、種族、國家、家庭，及

其他非國家行動體在結構博奕中都有可能被摧毀,但是全球或世界是不能被摧毀的;因爲全球或世界與國家／非國家行動體間具有如前述的「一損俱損」的平衡關係。一方面,我們當然可以看到國家／非國家行動體的選擇和行動,或權威空間的權力行使與服從建構了所謂全球或世界的政治、經濟和文化的意涵和內容;從這個角度看,我們或許也可以說全球或世界是被建構的;但在另一方面,全球和世界作爲一個本體,作爲國家／非國家行動體所共享的存在基礎,它其實也在建構國家／非國家行動體;或者說,國家／非國家行動體通過種種權威空間遂行權力,並且以全球或世界作爲介面,相互去建構自己和對方。沒有全球或世界的存在,就沒有國家／非國家行動體的存在,這也許是個簡單的現實,可是人類卻要花費漫長的時間去發現全球或世界;從而,還要步履蹣跚地去認識和體驗到全球或世界真正存在。

◎ 註釋

[1]Craig A. Snyder，徐偉地等譯，《當代安全與戰略》，吉林
人民出版社，2001，頁 66-67。

[2]參閱 Chris Barker, *Cultural Studies: Theory and Practice*
(Sage, 2003), pp.16-18.

[3]參閱註[2]，pp.19-20.

[4]Jean Piaget, *Structuralism*, trans. & ed. by Chaninah Maschler
(London: Routledge & Kegan Paul, 1971), pp.139-140.

[5]王水雄，《結構博奕：互聯網導致社會扁平化的剖析》，
北京：華夏出版社，2003，頁 10-11。

[6]國家主義的全球化論述，可參閱 David A. Welch, *Justice
and the Genesis of War*, Cambridge University Press, 1993；
Terry Nardin, *Law, Morality and the Relations of States*,
Princeton: Princeton University Press, 1983；後國家主義的
全球化論述請參閱 James N. Rosenau & Ernst-Otto Czempiel
eds., *Governance without Government: Order and Change in
World Politics*, Cambridge: Cambridge University Press,
1992；James N. Rosenau, "Governance in the Twenty-first
Century," *Global Governance*, 1 (1995).

[7]James N. Rosenau，〈面向本體論的全球治理〉，載於俞可

平主編，《全球化：全球治理》，北京：社會科學文獻出
版社，2003，頁 63。

[8]同註[7]。

[9]楊雪冬，《全球化：西方理論前沿》，北京：社會科學文
獻出版社，2002，頁 96-97。

[10]趙汀陽，《沒有世界觀的世界》，北京：中國人民大學出
版社，2003，頁 23-24。

[11]同註[10]，頁 23。

[12]同註[10]，頁 31。

[13]同註[10]，頁 49。

第二章　國際政治中的建構意涵

從一九八〇年代以來，國際關係的研究處在明顯的演化變遷的過程中。整個學科原先主流的後設基礎論述，不只出現自我反思，同時也不斷遭到質疑和挑戰。

一、新現實主義與新自由主義的建構：
無政府狀態與制度

Kenneth Waltz 在一九七九年出版了《國際政治理論》（*Theory of International Politics*）一書後[1]，導引出來自新現實主義的挑戰。不過，新現實主義和新自由主義之間的爭論，其實是屬於「典範內」的爭論。在本體論和知識論上，他們同屬客體主義（objectivism），而且都接受「無政府」（anarchy）作為分析的起點；不過，新現實主義雖然仍以國家作為唯一的行動體以及分析單位，但新自由主義則已經把國家以及其他非國家主體（如非政府組織、跨國公司企業，跨國國際組織等）都視為行動體。此外，新現實主義雖仍然傾向於從行動體作為一個具有完全理性者出發分析，但已經考量到「無政府」作為一個結構的問題，透露出某種結構理性的些許氣息；而新自由主義則基本上引進了新制度主義的介面，傾向於將行動者視為一個有限理性者，其結構理性的氣息相對於新現實主義來得濃厚。

　　此外，不管是新現實主義或新自由主義都是從設定行
動體是經濟人出發進行分析；不過，由於「結構」和「制
度」因素被納入考量，兩者的發展已經促使「經濟人」設
定的侷限性，成爲研究者必須面對的嚴肅課題。

　　其實，不管是新現實主義或新自由主義都面對同樣的
一個問題：博奕困境如何被克服或解決。衝突、霸權建立、
權力平衡或是合作，基本上都是面對這個問題的結果。博
奕困境的產生，其實是經濟人互動的體現，而爲了克服或
解決博奕困境，行動者就不可能繼續作爲經濟人，而必須
向作爲社會人轉折，否則博奕困境是無法被克服或解決的。

　　新現實主義和新自由主義從客體主義的本體論出發，
承認在行動體之外有所謂客觀實體的存在；以這種本體論
作爲基礎，在知識論上，兩者都是屬於實證主義的範疇，
承認甚至強調有所謂客觀的實體等著我們去發現或認知。
而這個發現或認知，基本上是通過行動體的經驗和推理作
爲中介來實現的；不過，經驗和推理是在受客觀實體制約
下進行的。

　　Michael Banks 在〈典範間的爭議〉（ "The Inter-paradigm
Debate"）一文中[2]，指出國際關係研究領域中存在著現實
主義，多元主義（pluralism）和結構主義三個典範間的爭
論。其所謂的多元主義主要指的是自由主義；而結構主義

則被用來指涉國際政治經濟學分析的脈絡，其中要者如華勒斯坦（Immanuel Wallerstein）的世界體系理論，依賴理論和一些新馬克思主義的論述，如 Fred Holliday 和 Justin Rosenberg。

儘管 Michael Banks 把自由主義往多元主義方向解釋，並把它看成是不同於現實主義的典範；不過，就如前述，其實兩者在本體論和知識論上是同屬於客體主義和實證主義範疇；而其所指的結構主義，其實在本體論上和現實主義和自由主義一樣是屬於客體主義的，因爲其承認政治經濟結構的客觀存在。當然，結構主義的分析基本上是會從結構理性的設定出發去分析問題，而且其在方法論上是屬於整體論（holism），這與現實主義和自由主義在方法論上基本上傾向於個體論（individualism）是可以被區別的。當然，結構主義分析對行動體的設定基本上是「社會人」的設定，這與現實主義和自由主義「經濟人」的設定也是可以區別的；不過，結構主義的論述，並不只是要作爲一套知識或理論，而是要求改變結構，因此是以實踐爲取向的。作爲客觀實體存在的結構，可以因爲其內在矛盾所體現出來的不公不義，而被要求改變。亦即結構主義的論述，不只是要發現所謂的客觀實體，而是進一步要透過發現進一步去改變實體的內在的矛盾的結構。

　　結構主義分析從世界體系「總體」出發，進而把作為結構中的一個單位的國家看成具有從資本主義世界體系預先決定的位置，而國與國之間也因此擁有被預先決定的結構關係。亦即，國與國之間是在一個正在繼續擴張中的物質經濟交換網絡的脈絡（context）中被彼此連結起來。

　　而自由主義強調國家間的經濟互賴，由於互賴促使國家追求特殊的自利政策而尋求與別國的合作，尤其是經濟的合作而非衝突；這種合作會在政府間的機制運作中被制度化。這種觀點為何可以被稱為多元主義，主要是其認為這種合作不必通過某個國家的優勢或霸權式主導來形成，而可以建立在國與國之間互相連鎖的利益的多元性基礎上來進行。

　　新自由主義和新現實主義爭論中最大的分歧點之一是國家到底是要追求獨贏的相對利得或是可以多贏的絕對利得；追求獨贏基本上是通過把既定目標最佳化來體現的，而追求多贏則是使相關各造都能感到滿意。這必須通過謀合協調過程作為基礎，因此所呈現的不再是完全理性的論述，而是有限理性或是可以叫做過程理性的論述，因為其已經認為國家作為行動體會通過和其他行動體的謀合而自行調整期望或目標，從而使自己能夠因應現實情況的發展，不只讓自己感到滿意也使別人覺得滿意。

　　前述曾提及新現實主義已將「無政府」當成結構來看；為什麼它還是不能被稱爲結構主義？主要原因在於新現實主義只是把所謂「結構」當成是論述的前提，對行動體而言，「無政府」這個結構只是作爲形式條件而存在；儘管，新現實主義者必須進一步論述，以「無政府」作爲前提所延伸出來的國際互動去制約行動體的選擇和行動；但是新現實主義者經常強調國家作爲行動體有著理性的行爲目標和手段，並且追求自身利益的最大化，以及從各行動體的特徵和相互作用來分析國際形勢。其實，從承認「無政府」作爲一個結構出發來進行分析，新現實主義的方法論就不可能繼續停留在個體論，而必須往整體論的方向進行轉折，從而至少要朝個體論和整體論相結合，或以個體論爲主而整體論爲輔的方向發展。可以說，新現實主義的的論述其實已經朝這方向發展；只不過，新現實主義者必須更自覺或更爲正式的認知和承認而已。

　　此外，新自由主義既然已經考慮「制度」面向，其方法論也已經朝個體論和整體論相結合的方向發展。因爲，其一方面會強調國家在跨國之間制度形成的重要性，但另一方面也重視國家所處的環境對創設和執行制度的影響。從新現實主義和新自由主義上述的這種發展，其實已經告訴我們方法論的整體論和個體論不必然是二元對立的關係。

二、對「結構制約」的再思考

　　「結構」只能作為論述的前提或形式條件而已嗎？新現實主義擺脫古典現實主義「性惡論」的人性論轉而從把「無政府」當成一個結構出發，進而強調增強權力、自助、衝突、或權力平衡以及霸權建立的必要性甚至必然性，基本上是以簡單的因果邏輯作為基礎，把「無政府」狀態幾乎看成是先驗的，從而強調結構或體系對國家的單向甚至直線式（或撞球式）的制約作用；亦即，新現實主義並沒有將這個結構作為一個脈絡，從「結構」如何通過由其所制約現實的位置和關係來影響國家的選擇和行動。不過，就如前述，新現實主義者既然已經朝方法論的個體論和整體論相結合的方向發展，那麼就必須意識到，國家作為一個行動體的選擇和行動，其所導引牽動的國與國之間的關係，或其所產生的外部效應，其實都會不斷改變結構，而這種被改變的結構，似乎不能再以「無政府」狀態來概括。

　　其實，新現實主義者的論述，主要在強調由於無政府狀態使得國家作為行動體必須自求多福，而國家自求多福的結果始終不會改變國際體系的「無政府」的本質。「無

政府」作爲一個先驗的背景，它可以制約國家使國家的自
助自利性的行動和選擇經驗成爲可能，這屬於一種先驗式
的演繹，這基本上與新現實主義所賴以爲基礎的實證主義
或經驗主義的知識論的設定是存在張力的。「無政府」狀
態不能只作爲先驗式的行爲背景假設，它其實是民族國家
形成發展過程中主權實踐建構下的表現，亦即它是歷史的
產物，而不是歷史演繹先驗的前提。

　　「無政府」狀態的設定，其實也就是說國家作爲一個
行動體，是可以從與其他國家幾乎都沒有「關係」的關係
狀態中，去選擇不需要或不必管外部效應的理性選擇，追
求自身利益，從而產生與其他行動體的張力、衝突、結盟
或權力平衡。爲了做出這樣的論述，必須假定行動體是經
濟人。一方面，經濟人的設定似乎是「無政府」狀態設定
的邏輯必要；另一方面，我們似乎也可以認爲「無政府」
狀態的設定是「經濟人」的邏輯必要；總的來說，這兩種
設定是互爲邏輯必要，而其結果是很容易讓論述奠立在去
歷史和去社會的基礎上。

　　其實，就某種意義來說，「無政府」狀態的設定，是
爲了使「國際政治」或「國際關係」研究，能夠和「國內
政治」研究區隔開來，進而要求具有學科特殊性；這就涉
及到資源分配和權力分配的問題；知識或學科的建構本來

就會涉及到權力和資源的分配；從這個角度來看，「無政府」狀態是知識建構下的產物，其間涉及權力與資源分配問題。不過，「經濟人」的設定，又可以讓國際政治和國際關係研究，尋求來自傳統社會科學中主流學科如經濟學的方法論和研究途徑的奧援和支持，從而能使自身也因此能擠身於社會科學中主流範疇之中，獲得人才甚至其他包括預算經費的合流。此外，「無政府」狀態及「經濟人」的設定，可能也與傳統社會科學中主流學科如經濟學甚至包括社會學的建構的傳統，對國際政治或國際關係研究形成「路徑依賴」式的制約有關。

　　從同樣的「無政府」狀態和「經濟人」設定出發，不管是新現實主義強調自助、衝突；或新自由主義則強調互賴合作以及創設國際制度的重要性；都同樣告訴我們，國家作為行動體，不管是選擇自助或合作，都必須而且必然進入與其他行動體的互動關係中，或者說是博奕網絡之中；使每個國家或其他行動體都必須從彼此的關係中出發而做出選擇和行動。亦即，儘管國家或其他行動體作為新現實主義或新自由主義的基本分析單位；但其實，在實際論述分析的過程中，是以行動體彼此間的關係作為基本單位的。

　　而且，從「無政府」狀態出發，論述國家會自利的去

尋求自助、互賴從而導致衝突、合作、權力平衡、結盟等，
或是爲何這個國家會與特定的國家進行合作或衝突而不與
另一些國家進行合作或衝突。一個國家或行動體權力或力
量的大小，以及會進行這樣的合作與那樣的衝突，其實都
不全然是理性的自利選擇和行動的結果，而是受其所存在
於其中的網絡的結構位置的制約；亦即是網絡結構和行動
體的理性選擇共同作用來決定的。通過這個共同作用觸動
了行動體的選擇和行動，反過來又觸動網絡結構的變化。
網絡結構是內在於行動體的選擇和行動中，它既作爲條
件，也作爲載體和脈絡（context）；同時，它既作爲制約，
也作爲資源而存在；它對行動體來講，可以是正面的效應，
也可能是負面的效應，端看不同時空情境和時機條件而
定。所以，脈絡結構不是先驗的，它是行動體不斷選擇行
動下的結果；反過來說，它又可以作爲客觀的實體，對行
動體產生制約和影響；而且，網絡結構作爲一個實體，條
件載體或脈絡，不只是物質、有利的甚或是經濟的交換網
絡，它應該是物質、制度和理念的綜合體，它對行動體的
制約影響，也絕不只是通過物質有形的方式來進行，而是
會通過包含物質和非物質的方式來發生作用；物質的方式
是外顯的，而非物質的方式則是與自然無法直接觸摸，可
是我們卻可以清楚的知道它在發生作用，而且，非物質方

式可能是物質方式的合理性的基礎。同樣的，行動體在做
選擇和行動時，並不是完全表現為物質有形的形式，而是
要通過非物質有利的方式，先為物質有利的選擇和行動方
式奠定合理性的基礎，讓自己的選擇和行動能夠師出有
名。論述至此，我們也必須指出，國際關係研究中的結構
主義論述的問題，這些論述把結構主義視為物質有形的交
換網絡，這基本上是違背歷史現實的；因為，結構作為一
個網絡，它是通過歷史，以行動體互動為中介的社會建構
的產物。認識到這點，也就不會把結構視為幾乎是完全獨
立於行動體之外的客觀實體，而會將其看成是內在於行動
體的選擇和行動的實踐過程中。亦即，結構作為行動體的
載體，它便選擇和行動成為可能，而通過選擇和行動，又
會生產改變甚或創造結構。

三、行動體的社會存在與實踐

　　國家不僅是由一堆武器、機構、制度、法規所構成，
也不是執政者或統治者的國家，而是一個由各種物質資源
和不同地位、利益的人相互聯繫構成的。而國與國的關係
不僅僅是一個可以算計的關係而已，其中具有許多無法計

算的向度和層面。而且所謂利益最大化目標的實現絕不僅僅表現爲一個可以量化的標的與標的相互作用的過程，而是同時表現爲一個行動體與行動體相互作用，甚至互爲主體的相互滲透的過程。

抽掉行動體選擇或行動所可能產生的外部效應來論其選擇和行動，這是一種化約。而且，由於行動體的利益，部分或全部都會受到其他行動體的影響、制約甚或控制，行動體爲了實現各自的目標和利益，必須相互進行交換，甚至單方轉讓對資源的控制，於是就形成彼此之間的「社會」關係，這種關係既是總體社會結構的組成部分，也是行動體的資源或載體，它使行動體的選擇和行動成爲可能；行動體的選擇行動絕不是純粹主觀作爲下的結果，其是具有社會性的，是行動體彼此之間的「社會」關係網絡，使行動體的目標和利益追求作爲可能。我們不能只考慮行動體的個體成本或個體效益，並且設定其外部效應是不存在的，行動體只有把彼此的外部效應內部化，形成交互主體的社會關係網絡，然後選擇和行動，以及目標和利益的追求才會有可能。行動體在做選擇和行動時，必須奠立在其有形的物質資本，或諸如經驗，判斷力和決策能力這些無形的「人力」資本上，而更重要的是必須奠立在社會關係網絡上；我們甚至可以說，是社會關係網絡，使得行動

體的物質和有形資本的運用成爲現實。

　　其實，行動體作爲一個社會存在，不只是由其社會本質所決定的，也更是由歷史甚至文化傳統制約所建立的；歷史和文化提供了規範，甚至內化到行動體的選擇和行動中，影響了行動體彼此之間的社會關係網絡的屬性。因此，行動體作爲社會存在，不只是本質的，更是歷史建構下的產物，在如此這般的社會關係網絡和歷史文化的支持和制約下，行動體不見得會理性地計算個體的物質有形的利益。Josef Lapid 在〈第三次論辯：論後實證主義年代國際理論的前景〉（"The Third Debate: On the Prospects of International Theory in a Post-positivist Era"）一文中[3]，把新現實主義、新自由主義和結構主義都視爲是實證主義的範疇，他們遭到以批判理論和後現代主義爲代表的後實證主義的挑戰或反對，而我們可以認爲，Alexander Wendt 等所揭櫫的社會建構主義（social constructivism）、Spike Peterson 等所論述的女性主義（feminism）觀點同樣的也可以被放入後實證主義的範疇[4]。

　　相信知識的社會建構性是後實證主義者的共同組成因素，實證主義相信有客觀的真理等著被發現，而「發現」的手段是透過以經驗爲基礎的歸納推理；亦即，實證主義者相信有客觀實體或真正的事實的存在。承認主體之外存

在著客觀的實體的存在，這除了區隔了主客體之分外，更區分了觀察者和被觀察對象。而後實證主義者則認爲，沒有所謂客觀實體的存在，有的只是社會建構定義下的真理；也因此就不存在抽象純粹表現主體理性能動的「推理」的存在，只有社會建構定義下的推理，這也就是說只有社會建構界定下的理性的存在，沒有所謂純粹的理性的存在。而且，既然沒有所謂客觀真理的存在，也就沒有所謂真正的客觀實體或世界的存在，實體或現實世界是社會建構下的產物，知識和理論是屬於社會建構的一部分，也因此就沒有理論和實踐的區隔、主客體之分，或觀察者和被觀察者之別。也就是說，在社會建構的世界中，所謂純粹的客觀性以及由此所延伸出來的合理性是不可能的，合理性不是被給定的（given），而是透過社會建構具有鮮明的歷史性；而且所謂方法也絕不是客觀，完全可以重覆的，而是具有明顯的脈絡性的（contextual），會受到文化和特殊價值規範的影響。

不過，值得注意的是，雖然社會建構論屬於後實證主義的範疇，但具有其獨特的性質，必須和以後現代主義爲代表的後實證主義作出區別。一般而言，實證主義屬於唯物的或客體主義的本體論和知識論的範疇，而後實證主義如後現代主義的論述是屬於主體主義或所謂唯心論的本體

論和知識論的範疇。但是，社會建構論，甚至還可以包括批判理論，他們承認社會建構下的實體是可以作爲客觀的載體而存在的；只不過，會繼續隨著行動體的社會建構過程而被改變、生產或創造。亦即，這兩者一方面認爲，可以從某種有形的、物質的基礎去理解世界，但是，另一方面又認爲，這些有形的、物質的基礎是通過價值、規範等文化或歷史因素建構出來的。

　　後實證主義予人最大的啓發在於其強調從社會建構去看世界。行動體被當作純經濟人，從所謂純經濟行爲去理解分析行動體的選擇和行動會不得要領。行動體的經濟行爲是一種社會行爲，甚至是鑲嵌於社會行爲之中。行動體所處的絕不是單純的市場情境，而是社會網絡結構。現實主義基本上認爲，只存在市場和等級結構這兩種資源配置形式；而新自由主義則似乎已經意識到，社會網絡結構也是資源配置的方式和機制，合作不管是作爲一種制度或機制，代表的是某種社會網絡和信任的建立。亦即新自由主義似乎已經傾向於認識到，資源配置的方式應該建立在合作、信任甚至友誼的基礎上，而不是建立在所謂純粹的競爭和自利的基礎上。不過，新自由主義基本上認爲，行動體進行合作，建立信任，是爲了克服無政府狀態或一般所稱的博奕困境，這中間是一個簡單的去歷史、去社會的直

線因果關係。其實，不是通過合作和建立信任去形成社會
網絡，而是通過既存的社會網絡才能展開合作和建立信
任，進而去改變、創造和生產社會網絡。而且，就算要進
行衝突，形成獨贏、創造霸權，也是依託著社會網絡才有
可能進行和開展；在衝突、獨贏和霸權的形成過程中，同
時也是社會網絡的建構。現實世界是由關係網絡所組成
的，而不只是由個體或群體所組成的；個體或群體只有在
關係網絡中才有其位置和意義。我們可以再度強調，對現
實世界研究的分析單位是關係而不是個人或個體，或者說
是個體與個體間的關係。在網絡中進行互動或交換，並不
會否認個體追求自利目標；只不過，相關各造都會先定位
或認知彼此的關係，從而根據關係的不同來確立交換的原
則或規則，其中當然不會排除根據市場機制；按照商品的
使用價值將其分爲不同的區塊，還會根據相關各造關係的
不同而劃分爲不同的交換類型。因此，網絡交換所建立的
不是一種價格關係，純粹的商品或物的可以量化的關係，
而是一種社會關係；這種社會關係又創造了行動體彼此之
間的社會網絡。而且，值得注意的是，在交換互動過程中
的市場或商品或物化的交換，必須依託在網絡關係中才有
可能開展。亦即，行動體是被安置在一個關係網絡中，行
動體乃是關係網絡的存在，行動體和網絡是相互依賴的，

關係網絡對行動體固然會產生限制或制約，但同時也是作爲一種資源或載體；而且，行動體通過這個網絡關係來展現其選擇和行動，亦即行動體的自主性。關係網絡既爲客觀的存在，也作爲行動體行動的載體屬於行動體的選擇行動範圍，它爲行動體所用時，它就會有可能轉成資源或資本。

現實世界是由錯綜複雜的物質和非物質網絡和行動體間通過交換網絡所構成，這些網絡有正式的，也有非正式的；有橫向水平的聯繫，也有垂直等級或依附的關係，它們既有依託網絡所形成的運作邏輯和方式，也會受到行動體的選擇和行動的影響；就如前述他們彼此之間是互賴的；而行動體可能從工具目標理性的態度去對待關係網絡，主要把關係網絡當作是實現目標的工具；也可以從價值理性的態度去對待關係網絡，把經營關係網絡本身當作一種價值或目標。

而就如前述，其實，新現實主義或新自由主義是企圖解決博奕或行動困境的兩種不同的實踐途徑或方案。自由主義希望建立以多元主義爲基礎的互賴從而是合作的關係，甚至在通過這種合作建立互惠的規範或制度，培養相關各造的相互信任。不管是規範或制度，其實就是一套博奕規則，也是一種社會資本，它可以鼓勵相關各造的信任

和合作。現實主義所提供的解決博奕或行動困境的方案或
途徑是傾向於建立垂直式或等級式的網絡,透過這個網絡
所形塑而成的其實是一種庇護——附庸的關係,亦即這種
關係的特性是依附性,彼此之間的義務和信息的流動常是
不對稱的,而且經常鼓勵投機行爲,對於庇護者而言會想
方設法以庇護之名行剝削之實,而附庸者則經常爲了免受
剝削而封鎖或對信息有所保留,甚至逃避義務;因此,垂
直的關係網絡的建立經常由於無法維繫信任而無法解決行
動困境。而且,垂直的關係網絡會破壞阻礙橫向水平的關
係網絡的形成,從而使得多元的互惠網絡無從形成,這也
不利於行動困境的解決。新自由主義基本上已經傾向於認
識到建立行動體彼此多元橫向的網絡的重要性,或是基於
行動體互賴程度的高漲,去強化行動體互動網絡的密度的
重要性;新自由主義者期待,通過這多元橫向網絡和互賴,
從而去鼓勵普遍互惠的規範的發展;而且,轉過來又去鼓
勵行動體更多的參與與互賴,甚至進而鼓勵行動體的彼此
信任和合作。亦即,新自由主義已經知道,必須通過形塑
建構行動體間普遍的互惠規範,去創造行動體的社會資
本,對於解決行動困境或博奕困境是很重要的。

　　其實,所謂「無政府」狀態的設定,在某種意義上來
講,指的是有力又有效的第三方監督執行力量的闕如,新

現實主義爲了解決行動或博奕困境所提供的解決方案是霍
布斯式的解決方案，這種方案基本上是等級制的，包括前
述的強制、剝削和依附（或屈從）。而新自由主義所提供
的解決方案可以說是從 Alexander Wendt 所說的洛克式的
方案，甚至是康德式的方案。這些方案的特點主要是通過
以下原則呈現出來的：行動或博奕困境是可以通過運用行
動體外部的社會資本來加以克服的。行動體被拋入交換和
互動網絡中，必須依靠形成許多互惠模式和模式，建立合
作和信任，從而再通過或利用這些社會資本，建立制度，
以解決等待行動或選擇的困境。社會資本成爲行動體選擇
或行動時的擔保品，這是行動體的資源。這樣的社會資本
通過使用會增加而不是減少供給，擱置或不用則會減少供
給甚至消失無蹤。新現實主義者基本上把國際關係看成是
市場；我們如果也持這種看法，同樣也可以強調，行動體
可以用社會資本來舉債，或作爲擔保品，基本上是可以提
高市場的效率的；因爲，普遍的互惠會把行動體的自我利
益和彼此的團體利益結合起來。古典經濟學家相信，市場
這隻看不見的手可以將行動體對於利的追求轉化爲公共利
益的實現；但是，私利追求和公利的體現的結合，必須通
過社會資本的創造、使用和運作才有可能。凱因斯經濟學
則強調，政府或國家可以通過支出和稅收政策去干預經

濟，才能使經濟恢復或維持充分就業均衡；但是，政府或
國家的干預爲何可以有效，主要是奠立在一定的社會條件
上，被社會大眾認爲政府或國家的干預是必要的、合理的，
甚至是公正的；政府或國家與大眾之間的信任，是政府干
預成功的關鍵；而且，社會大眾或群體作爲一個行動體彼
此間的互惠和信任的建立，才能使政府或國家的干預成
功。市場是一個行動體進行博奕的社會場域，是行動體社
會建構下的產物；供需法則既是客觀的，但同時也是行動
體進行博奕或選擇行動下的產物。市場是鑲嵌在社會中，
是在行動體的交換和溝通網絡，或是選擇行動中所形成
的，它屬於行動體的關係網絡的組成部分；其效率和合理
性，必須在行動體的關係網絡中獲得解決和提高；抽離了
行動者的關係網絡，就沒有市場的存在。

　　在另一方面，其實「國家」和「主權」也是社會建構
下的產物；是人們選擇了霍布斯方案的實踐結果；而人們
的這種選擇當然與西方中世紀以來的歷史是緊密連在一起
的。新現實主義把國家這種社會建構下的產物當成是給定
的（given），進而把它當成是分析的基本單位；而且，新
現實主義把「主權」作爲是社會下的產物也變成是給定的，
從而把爲了捍衛主權以及相關聯的領土的安全，把國家作
爲一個行動體看成是追求自利的經濟人。其實，國家作爲

一個集體式的個體或行動體，它本身是關係網絡的集合和化身，它所含括的關係網絡不可能被包在主權以及與主權相關聯的領土範圍內，因爲這些關係網絡不只是包括有形無形的，而且還包括水平垂直的在內，他們是會穿透主權和領土界線的。國與國的互動，一方面必須依託上述這種的關係網絡，而另一方面更要依託彼此所交會而成的關係網絡。而且，國與國間關係網絡的形成、發展與運作，不可能純然的只是單純的以國家作爲介面，而必須依託在其他超國家、非國家、非政府或跨國組織的行動體，包括非政府組織、國際組織、跨國企業、社會運動力量、市民社會力量等作爲介面。因此，國際關係的研究與其說是以國家或其他非國家或跨國家或次國家行動體作爲分析單位，倒不如說是行動體的關係。而且，更重要的是，必須認識到，就如前述所說的，行動體在選擇和行動前，首先必須先解決認同或身分問題，亦即會先弄清或定位清楚彼此的關係，而這種認同（identity）的解決或關係定位（position）的釐清，是受歷史和文化脈絡所制約和影響的。因此，關係本身就是一種社會建構，它提供了行動體解決認同和定位問題的背景和憑藉，而以認同和定位問題的解決爲基礎，行動體的選擇和行動才能得到展開，從而反過來又改變和生產的關係，並且提供了解決認同身分和定位問題的

新背景和新憑藉。行動體從關係網絡去解決認同身分和定
位,從而認知利益和威脅,它從不從純粹的經濟的個體理
性出發,去進行抽離網絡關係的選擇和行動。而且,這些
選擇和行動也從不是純粹的物質利益或有形利益的計算;
其可能不符合個體的追求利益或利潤最大化的原則,可是
我們絕不能說它是非理性的。

後實證主義告訴我們可以從社會建構去看世界;但我
們必須深化追究的是社會建構的可能性。社會建構者當然
是以行動體的選擇和行動爲主體,但是選擇和行動更是依
託著關係網絡來進行的。就如同關係網絡包括正式和非正
式,無形和有形,物質和非物質,語言的和非語言的;選
擇和行動也是如此,社會建構更是如此。而這也就是說,
既然關係網絡是跨越有形無形等二元區隔的界限,那麼行
動體的選擇和行動和社會建構也是如此。

四、認識與實踐的辯證:建構的形成

　　西方哲學史或甚至歷史中存在一個淵源流長的本源中
心論(logos-centerism);這個傳統相信存在著絕對真理、
本質或實在等待人去發現和認識;而且,作爲主體的人或

行動體存在先驗的被給定的認識能力或架構，能夠反映或
再現那個真理，來生成實在。這個傳統延伸到了笛卡兒，
從區分心靈和外在實體或對象出發，認爲知識就是外在實
體的內在表象的結果；主體的人或行動體的心靈成爲映照
呈現外在實體或世界的內在鏡子。這種知識論奠立了近代
以來西方主流知識論的基礎，不只把知識的可能基礎依託
在外在實體，同時也建立在人或行動體的內在心靈上，使
其具有理性主義的成分[5]。不過笛卡兒這種論述導引出外在
主體是否真正存在的唯物論和唯心論，或主體主義
（subjectivism）或客體主義（objectivism）的長期爭論。
康德的先驗哲學將時間和空間看成是人的先天感性能力以
及將範疇（如因果、質量、一、多、全、肯定、否定等）
看成是人先天的理性能力，它們先於經驗並且可以作用於
經驗，使經驗成爲可能。通過把先天的感性和理性能力看
成是給定的，企圖去解決唯物論和唯心論的爭論。而康德
之後的分析哲學和現象學，則企圖透過語言分析或本質還
原和先驗還原，爲所謂表象奠立合理性的基礎。其實他們
的論述基本上並沒有擺脫再現論的制約。而晚進哲學領域
中的實在論（realism）和反實在論的爭論，基本上也同樣
沒有擺脫再現論的束縛。實在論認爲存在一個客觀的真值
或現實，因此我們據此判斷或比較一組陳述的真假；而反

實在論則認爲,判斷一組陳述主要不是認定其爲真或假的
問題,而是能否被理解,而陳述能否被理解必須通過陳述
所依據的事件作爲證據或依據[6]。

在本源中心論的制約下,不管是所謂的唯物論或唯心
論,以及經驗論和理性論,基本上不是認爲:認識是一個
主觀不斷地符合客觀,或主體不斷地逼近客體,就是主體
不斷地逼近絕對真理的過程;因此,這其實是一種本質主
義。而這種具有本質論色彩的本源中心論不只是西方古老
歷史傳統的支柱,更成爲近代以來現代性建構的主體架
構。我們可以說,現代性的展現是一種文化和社會建構,
這種建構企圖把符合事實(現實)這種全球性原則擴大到
世界每個角落,以便在進步之名的掩護下,摧毀差異性和
異質性;其實,所有的知識宣稱都是社會(交互主體)建
構的產物,而不是通過所謂中主客觀的方法或途徑客觀獲
得的;而且,是沒有先驗的(transcendental)或去脈絡的
(decontextualized)真理基礎或基本意義的存在。亦即並
不存在實體或真理等著我們去表象或呈現。這也許也可被
稱爲超現實主義(hyperrealism)的取向;而超現實主義主
要是反對本質主義或基礎主義(foundationalism),因爲,
依託形式的本質主義或基礎主義的論述和實踐,基本上都
會造成強制、壓制、排斥以及捨異求同,這其實就是女性

主義所批判的父權體制（patriarchy）的建構。

　　對本源中心論與由其所延伸出來的本質主義和基礎主義，或由其影響下的西方知識論的反思和批判，所導引出來的應該是一種社會實踐或建構的方式；國際關係領域中晚近出現的女性主義、後現代主義和社會建構主義論述，對於國際關係研究的意義，不應只停留在知識論的哲學反思水平上，而應該導引出一種處置社會文化的、更爲開放的、不囿於本質主義和基礎主義的態度和實踐方式。當然，國際關係研究領域中的現實主義，甚至還可以包括自由主義傳統，基本上都屬於上述西方本源中心論這個淵源流長的歷史傳統的一部分；但是包括批判理論、女性主義、後現代主義特別是社會建構主義等在內的後實證主義；卻必須開出積極的實踐意義；而這種實踐方向旨在要求形成一個否定對真理壟斷的實踐或生活方式；其並不企求去建立什麼，而在於提出每一種論述的相對性和獨立性，甚至對已經建構的東西做一番後設的批判和考察。國際關係研究是被建構的，其中涉及權力和資源的配置；現實主義和自由主義是被建構的產物，同時也是建構國際關係研究的主流力量；他們既是一種知識論同時也可以導引實踐或本身被轉化成實踐。不管是作爲知識論或實踐，它們都必須接受後實證主義作爲一套論述的批判和反思；否則很容易造

成女性主義所批判的父權式的宰制壓迫。

◎ 註釋

[1]Kenneth Waltz, *Theory of International Politics* (Boston: Addison-Wesley, 1979).

[2]Michael Banks, "The Inter-paradigm Debate," in M. Light & A. J. R. Groom (eds.), *International Relations: A Handbook of Current Theory* (London: Lynne Rienner Publishers, 1985).

[3]Josef Lapid, "The Third Debate: On the Prospects of International Theory in a Post-positivist Era," *International Studies Quarterly*, 33 (1989), pp.235-254.

[4]Alexander Wendt, *Social Theory of International Politics* (Cambridge University Press, 1999)，中文譯本見秦亞青譯，《國際政治的社會理論》，上海：上海人民出版社，2000；V. S. Peterson (ed.), *Gendered States: Feminist (Re)visions of International Relations Theory*, Boulder, 1992；C. Sylvester, "The Emperors Theories and Transformation: Looking at the Field through Feminist Lens," in D. Pirages & C. Sylvester (eds.), *Transformations in the Global Political Economy*, London: Palgrave Macmillan, 1990；J. A. Tickner, "On the Fringes of the World Economy: A Feminist Perspective," in C. Murphy & R. Tooze (eds.), *The New International Political*

Economy, Boulder, 1991.

[5]張國清，《羅逖》，台北：生智，1995，頁 40-46。

[6]同註[5]，頁 47-55。

第三章 國際政治的自利與反自利思考

　　任何一種學問或知識，追究到最後，其實都會回到「人」的問題上來。亦即，「人到底是啥？」、「人到底如何成爲或表現爲人？」這些人學問題，都會成爲基本的討論或預設的問題。國際關係理論作爲一套學問或知識，當然也不例外，緊緊地與這些基本的人學問題聯繫在一起。而追究這些人學問題，其實又將與選擇和博奕等有關的實踐聯繫在一起。

一、人性預設與理性選擇下的僵局

　　國際關係理論中的古典現實主義從人性是惡的預設出發，並認爲人們可以進行自利的理性選擇，其整個論述推論，其實主在告訴人們，通過人們或行動體自利的理性選擇，並不會導致如古典經濟學所告訴人們的大家可以各取所需，相互的均衡獲利，甚至根本無法出現帕雷托最優的狀態；從而會陷入種種的納什均衡中[1]。亦即，古典現實主義告訴我們，如果從人們都是理性的利益最大化追求者，那麼納什均衡幾乎是一種必然的結局。其結果不是導致衝突、暴力、戰爭；就是陷入讓人窒息的僵局中，或是必須依賴強權或進行聯盟對付共同的敵人或對手。在這種論述

模式中，幾乎抽掉了道德理想的作用，而且也幾乎傾向於否定對話的角色。以比較感性的話來說，古典現實主義告訴我們，從人們是理性的利益最大化追求者假定出發，所導致的是國際或世界叢林狀態的出現，人們或相關各造所進行的是單贏獨贏、互不相讓、爾虞我詐、你死我活、以死相拚，或甚至同歸於盡的行徑；這種狀態其實就是一種非理性的狀態；從理性的選擇或博奕行動總是會導致非理性的總體狀態，這就是古典現實主義所告訴我們有關「國際間」的現實狀態。

　　人性是惡的與人會進行利益最大化追求的理性選擇之間的關聯性是非常有趣，而且頗值得人注意的。其一是，人進行利益最大化追求的理性選擇是在體現人性的惡，因爲其基本的內涵就是利己從而損人；其二是，從第一層意義再往下推，不只人性是惡的，而且人們其實是潛在的罪犯；因爲利己損人的同時隨時都有可能害人傷人；其三是，我們甚至可以說，理性的利益最大化選擇是「惡的」，以至於個人（體）理性並不能保證集體理性；其四是，從上述的推論邏輯來看，我們甚至可以說：理性是惡的。

　　理性如果作爲一種思維判斷的能力，這是人之所以爲人的生命表現；這應該是無善無惡的，但是「理性」的操作和展現，總是有所指的；亦即，關鍵就在於被理性的思

考、選擇或判斷對象，使得「理性」的展現就不再是無善
無惡；而更值得我們關切的是，到底是因爲人性是惡的這
個本質規定或導致「理性的」去思考、選擇或判斷對象時
總是朝利己損人的方向操作，還是被所思考和選擇的對
象，總是會超過人們的思維能力和方式所能置喙的地步，
因此人們只能選擇最直接了當的利己損人的方式，從而展
現人性是「惡的」面貌；也許，人們的理性是有限的，都
要被拋入去面對複雜萬端的對象世界中；因此，人們就必
須用最有限的（直接了當的利己損人的）理性模式去化繁
爲簡，重塑對象世界；古典現實主義基本上正是爲我們呈
現了人的這種生存模式。套句笛卡兒（Descartes）的話說，
所思（cognitatum）總是會超越我思（cogito），從而彰顯
人們理性的有限[2]；因此，使得人們不得不展現「惡」的判
斷和選擇。如此一來，「人性是惡的」與無限理性是不能
被連在一起的，轉而必須與有限理性串聯起來；這也是古
典現實主義的論述，到最後必須靠泊之處；而這也就促使
新現實主義或結構現實主義必須向「有限的」結構理性方
向轉折。

　　古典現實主義的論述，無情的暴露了亞當斯密式的推
論（從自利爭奪可以變成互利均衡）的脆弱之處。於是，
古典現實主義從經濟人的設定出發到最後都在告訴我們：

人們不可能是純經濟人，而是追求權力的政治人；經濟人的設定其實是無法用來理解人們或任何行動體在國際間層次的生存狀態。

二、從無政府狀態到無知之幕

　　結構現實主義的有限理性設定非常具體的表現在無政府狀態的設定上。這種狀態基本上是「所有人反對所有人」的霍布斯式的狀態，代表著人們必須承認以理性作爲基礎的現代化進程的普及滲透力道無法上擴至國際間的層次；亦即這個層次是超過人們進行幾百年的現代化工程所無法涵蓋或置喙的；所以，首先它可能是非理性的，或是理性所無法涵蓋的。當人們紛紛組成國家時，也使人們面臨一個嚴肅的課題：如何在國際層次生存下去？而隨著這個課題而來的是，人們是否就只能承認作爲展現之所以爲人的理性的有限性；或者說要反過來思考，人們的理性如何能夠在國際層次間獲得展現，或者說，如何能夠與在國際間層次生存的需要裡相互適應。

　　從上述的論述來看，無政府狀態類似羅爾斯（J. Rawls）的無知之幕（the veil of ignorance）[3]。結構現實主義，從

「無政府狀態」這樣的無知之幕出發，導致人們或行動體
「自顧自」的自利原則。這等於宣告，作爲有限理性者的
人們，其存在型態更只能是「自顧自」的型態。承認人們
理性的有限，或者說承認人的生命能力的有限，甚至承認
人的有限渺小，其實可以推論出很謙卑但又很遠大的人的
存在型態。這種型態的核心在於：承認人不可能只通過自
身來成就實現自己的生命，而必須依託著去個人化或個體
化的廣大的脈絡作爲載體才有可能；這種脈絡也許是非人
們理性所能涵蓋想像的，但卻是人們的「生命載體」；它
對人而言是尚未可知，或者說人對它尚處無知，甚至是完
全無能爲力，但卻是人們生命之所繫以及所靠泊的載體。

　　結構現實主義揭櫫了人如何在國際間層次存在的問
題，但卻將之還原化約成個體或個人層次的問題。這是一
種似進還退的論述方式。我們當然不能把各人或個體轉化
或還原成國際間的整體；但反過來，我們更不能把國際間
的整體還原成個體或個人。個體或個人的生命表現，無法
通過其自身被理解和分析，而必須被放入更大或最大的脈
絡中才有可能被解釋；當然，這並不表示將個體或個人消
融在更大或最大的脈絡之中。亦即，人的存在既然上升到
國際間的層次，非但不能只從個人去理解，也不能侷限在
國家的層次和尺度去理解。

　　結構現實主義告訴我們，在無政府狀態的制約下，國
家作為一個行動體或個體，主要的是讓自己在無政府狀態
中生存下去，而這種生存模式就是上述所說的「自顧自」
的模式；至於在表現方式上可以是比較進攻式的，也可以
是比較防禦式的。這種論述中，存在一個基本問題：在無
政府狀態中，個體或行動體如何能夠「自顧自」的？結構
現實主義回答這個問題時，其實非常抽象，歸結到最後只
訴諸於人或個體的理性選擇這樣的生命能力。人或個體在
無政府狀態的叢林或就如上述所謂的「無知之幕」中，憑
人或個體的理性選擇能力就能求生存下去嗎？因為人或個
體的理性選擇都將指向反對或可能隨時損害別人或他者，
其結果就是人們或個體想「自顧自」的，但別人或他人卻
不會讓你能夠如此如願。亦即，「自顧自」的是無法只憑
人們或個體的理性選擇能力來做到的，而必須有除了理性
選擇能力之外的支持條件的存在，其中當然包括權力的爭
奪與逐行，支配與威嚇的實行，這就很清楚的顯示必須從
關係網絡的創造與運作為條件。換句話說，要能做到「自
顧自」的，除了要靠所謂人或個體的理性能力外，還要靠
人或個體的結構運作能力，或可以稱為關係網絡的創造與
運作的能力，如果任由所有人或個體反對所有人或個體的
狀態繼續下去，那麼任何人或個體都無法「自顧自」的。

這也就是說，我可以反對別人、損及別人的利益，但都要想方法能讓自己顧到自己，不會讓別人或他者反對我或損及我的利益；這其實就涉及到無政府狀態作爲一個結構的改變，從所有人反對所有人到能夠「自顧自」的，這甚至已經涉及到無政府狀態的被解構；明白來說，這表示無政府狀態已經被改變成至少可以讓個體——每一個或有些——生存的載體。

三、利益最大化與博奕僵局的形成

其實，通過理性選擇追求利益最大化，只具有邏輯的合理性，並不具有現實的可能性；可是，長期以來人們卻相信它不只具邏輯合理性，而且更具有現實的可能性，從而根據它進行結構運作；而追求利益最大化的目標就是最大化，在邏輯上應該是沒有止盡的，否則就不算是最大化；所以追求利益最大化絕對不會只是一次性的選擇或行動，而是一連串的過程[4]，這連帶的也就意味著個人或行動體進行一連串的結構運作。追求利益最大化到頭來會演變成爲最大化而追求最大化；其結果當然很容易只顧自己（其實是脫離現實）的不擇手段，從而又不斷導演出損人利己的

戲碼，從而使無政府狀態在結構形式雖然有所變化，但在本質上仍然沒有改變，還是呈現所有人反對所有人的樣態。追求理性的利益最大化的結果，是不擇手段這樣不管從道德角度或人們普遍共同知識角度來看都可以被視為非理性的結果，從而使人們或行動體雖然可能「自顧自」的，但是總的還是繼續陷在無政府狀態之中，甚至反過來又使「自顧自」的生存格局無法獲得維繫。

　　無政府狀態作為一個結構，促使個體或行動體必須自顧自的追求所謂理性的利益最大化，其結果可能是一系列的納什均衡，在這些過程中，爾虞我詐，互損不信任變成常態，而暴力也會獲得所謂理性的辯護。個體或行動體面對一系列的納什均衡，就只能不是誰都不願吃虧，不願讓人占便宜，而陷入僵局；就是變成只能進不能退，甚至演變成暴力相向。

　　在無政府狀態作為一個結構的制約下，個體或行動體的理性選擇或是理性的利益最大化的追求是否可能，本來就會成問題；單憑人類「理性」的生命能力是無法追求所謂利益最大化的。而人或行動體面對一系列的納什均衡時，人或行動體所能採取的若只是不能吃虧、不願讓人占便宜，或是只是訴諸暴力等等，那麼納什均衡可能無法被克服或改變，這可能導致人或行動體根本無法再生存下

去，甚至同歸於盡，更遑論繼續進行理性選擇或理性的利
益最大化的追求；當人或行動體陷入某種納什均衡中的僵
局時，結構對人或行動體而言，可說是凝固或轉不動了，
這時也許就讓人或行動體陷入無法繼續再進行結構運作的
困局中；當然，人或行動體在這種僵局中還是可能繼續生
存或熬下去，但問題的關鍵是能熬多久，時間能夠「自動」
的來化解這樣的僵局或困局嗎？其實，應該說時間並不能
幫人或行動體解決問題，而是相關的人或行動體願意試著
讓僵局重新能夠被轉動。

　　在一系列的納什均衡中，要能「自顧自」的其實已經
很難，更遑論要進行所謂的理性的利益最大化選擇。如果
追究更細點，要能「自顧自」的其實甚至都必須在反利益
最大化的前提、原則或狀況下才有可能實現；也就是說，
個人或行動體可能必須要彼此給對方留餘地，而且，要能
「自顧自」的其實還必須通過不毀掉或吃掉彼此才有可能
出現；或者說，就是大家都不占對方便宜，也都互不吃虧，
雖然不能皆大歡喜，總還能皆小歡喜[5]；如果彼此都以犧牲
對方或彼此的利益爲前提來求得自己的生存或利益，結果
不只是皆不歡喜，甚至可能是同歸於盡。此外，照現實主
義論述的邏輯來看，要能「自顧自」的，至少要能透過威
嚇或嚇阻讓對方或別人不會讓你無法「自顧自」的；而這

是在無政府狀態中創造一個「確定」的、甚至較可預期的，或已經帶有某種「可信任」的元素在內的狀態；威嚇、嚇阻或甚至所謂權力平衡的創造，其實就是克服無政府狀態的不確定性。

在現實主義的論述中，其實也非常努力地在思考如何能夠克服由於無政府狀態或一系列納什均衡所形成的僵局，權力平衡或霸權穩定的論述就是這種努力的成果。或許現實主義要告訴我們，在權力平衡或霸權穩定局中的相關各造，雖不算是處在帕雷托最優狀態中，但也不算處在僵局或陷入「死棋」的困境之中。權力平衡局中的相關各造，至少被認為是彼此可以相安無事，雖不滿意但還可以接受；這種局可以說是「我不敢犯人，人也不敢犯我；人若犯我，我必犯人」。不過，按照現實主義的論述邏輯來看，權力平衡主要是通過利益計算延伸出來的相互威嚇的局面；但是，其實權力平衡的局之所以可能形成，更需要建立在認知基礎上，以及以結構運作作為介面或載體。而霸權能穩定局面之所以可能，也不只是通過利益計算所促成的，同樣也需要建立在認知和結構運作的基礎上。此外，權力平衡和霸權穩定的局之所以可能，還涉及到信任問題：彼此都相信對方或相關各造不會願意破壞平衡局，或打破霸權所創造的穩定形勢。而且，如果想讓平衡的局或

讓霸權穩定的勢可以持續，還必須通過彼此或相關各造相互強化彼此的認知，並且相信或認爲，維持這些局或形勢，才能讓大家都不吃虧或都能生存下去；這其中其實也涉及到對話的問題。

　　論述至此，也許我們可以進一步認識到，要能夠「自顧自」的，是必須以不互損、不傷害對方爲前提的；更深入來說，就是不以暴力相向，或是說暴力不成爲任何一方最佳的策略選擇；而這樣的推論發展，就必須再導向反利益最大化原則的討論。反利益最大化的實踐，除了前述的互留餘地外；更重要的是，不要讓對方覺得或實際吃虧；換句話說，自己的策略選擇不能造成或促使別人除了暴力之外別無選擇或全都是下策[6]。套句通俗的話說，不要讓對方覺得玩不下去，只好暴力相向。而權力平衡之所以可能，其實也蘊涵或體現相關各造間的互留餘地，而這其實已經具有反利益最大化的內涵了。

四、反利益最大化的思考

　　儘管照現實主義的論述邏輯來看，理性選擇或博奕中出現的衝突、暴力或戰爭幾乎是無可避免的；而所謂的特

殊邏輯可以為衝突、暴力或戰爭找到辯護；不過暴力對抗或戰爭會造成重大的破壞和傷亡，終究是壞的，這也許可算是人們共同的基本知識；因此，衝突、暴力或戰爭就算是再理性、再無法避免；我們仍然需要設法避免它們。特別是暴力和戰爭的衝突，可能意味著理性博奕的終止，朝非理性的方向發展，甚至是惡性循環、以暴制暴的持續相互摧毀；這當然有可能導致人們或行動體連最基本的生存格局都無法存在，更遑論「自顧自」的求生存。

　　既然，要「自顧自」的求生存都涉及反利益最大化原則，以及規避互相暴力相向；在現實主義的論述邏輯中，人們或行動體是無法達到通過公平合作共同發展，也就是帕雷托最優的狀態；那麼在規避暴力相向以及無法達到帕雷托最優之間，對話的必要性其實就會浮現[7]。對話其實是避免理性博奕終止必要的依託。理性選擇和追求理性的利益最大化前提，必須是博奕或選擇能夠長期持續；長期反覆博奕或選擇，是人們或行動體能夠以不同模式生存下去的前提，而博奕或選擇的持續必須通過對話。

　　現實主義不管是從性惡或無政府狀態出發，都道盡了國際間層次和人們所處世界的「現實殘酷」；但是，通過上述的論述，要能夠「自顧自」的，必須觸及反利益最大化，以及進行對話或甚至信任；這些問題並沒有或無法得

到現實主義的解決或回答。自由主義特別是自由制度主義（新自由主義），則企圖從克服無政府狀態出發，爲人們或行動體找到不只是「自顧自」的生存模式。而其所蘊涵的意義就是：人們或行動體可以通過理性選擇和結構運作去克服或改變無政府狀態；這樣的思路當然就是必須順著反利益最大化原則，以及進行對話或營造信任的方向來開展；這其中當然更涉及到對帕雷托最優狀態的期待。

　　但是，在前面的論述中，已經特別提到個人（體）理性並不能保證集體理性，或者說不能從個人（體）理性去推論集體理性；任何人或行動體進行所謂的理性的利益追求有可能導致集體利益的嚴重受損，或集體以及總體的被摧毀或崩解。爲了要解決或回答這樣的問題，就必須承認或認知到人們是不具備無限理性的；而集體利益如何不至於因個體的利益追求而受損，或總體如何不至於因個體對利益的追求被毀或崩解，就不能光從純個體主義的理性選擇去思考或想像；這裡又涉及到另外的問題：理性選擇或理性的利益追求，必然就是或純然就是自利的嗎？利己而不損人可以做到嗎？或是說，通過共存共榮，讓彼此互蒙其利，雙贏或多贏，這也可以算是理性選擇的結果或表現嗎？可以看出新自由主義的論述一直很努力的想回答這些問題。

　　古典現實主義從人性是惡的出發去進行論述，等於直接就把人假定是壞人；而結構現實主義從無政府狀態出發，也幾乎直接的把現實主義世界假定是壞的世界；人們面對這個壞的世界或前述所謂的無知之幕，或基於設定世界是壞的或對環境的無知（不確定），就不得不從損人利己的或至少設法保護自己的（壞）的角度去設想或實踐。而新自由主義基本上仍傾向於認定無政府狀態可能是壞的，但主要是充滿不確定性的世界；因此，人們不盡然或必然要從壞處著眼，只求損人利己；此外，新自由主義還進一步認為，無政府狀態是可以被克服的；這就意味著：充滿不確定性而且還可能就是壞的世界是可以被改變成確定的或朝向好的方向發展的世界；於是對話、合作以及信任就成為新自由主義關心的課題。新自由主義其實已觸及到一個基本問題：人們可以通過以理性博奕為基礎的結構運作去克服無政府狀態；而這個過程其實就是社會資本營造、累積的過程。

五、社會資本與信任問題

　　社會資本的營造和累積，當然涉及到人們以理性博奕

爲基礎的結構運作或稱爲關係網絡經營管理的能力；不過，更重要的是還涉及到規範及制度建立的問題。要讓人們或行動體彼此能信任或合作，除了通過互動、對話、算計或搏感情外，還需要依託著規範甚至是制度的建立。對話、合作和信任，既是人們的社會資本，又是促使長期博弈之所以可能的必要條件。

　　不過，國際間層次的規範和制度的建立，似乎有點超出人們進行幾百年來現代化所累積的經驗能力。因爲，人們規範與制度設計的能力似乎只能擴及到國家層次，對於跨國家層次或甚至超國家層次的制度設計，都會將其還原到國家導向來思考；這就導致一個問題：企圖以國家取向的方法，來解決國際間規範和制度的建立，從而忽略許多國際間的不信任以及無法合作，是無法從國家本位或取向來思考或加以解決的。如果不存在超國家層次的力量或制度作爲介面，如何能夠促進或保證國家或其他接近國家層級的行動體間能夠相互信任而進行合作。也許我們可以認爲，解鈴還需繫鈴人，要促進或保證國家間的信任和合作，就必須由國家這樣的行動體爲主體；但這裡就涉及到國家作爲一個行動體，如何克服自利或本位主義；純粹從國家自律主義的角度來思考這樣的問題是行不通的，必須從全球或世界總體的角度來思考，把國家或其他行動體放入全

球或世界總體的框架中;關於這部分的論述,在本書的第二章中已多所論及,此不再論述。

如前述,我們無法再設定全球或世界中的各種行動體是經濟人,而必須轉而將其視爲社會人。如果我們再講仔細點,就必須將其視爲關係經營或管理者,甚至可以說是社會資本的尋求者或創造者;不過,往這方面認定的話,當然就不只涉及到算計、合作,甚至還必須涉及到信任的問題。

一般的印象會認爲,國際關係理論中的現實主義,基本上對合作抱持悲觀,當然更不太願意或不會碰觸信任的問題。現實主義者對這種印象當然有提出反駁和澄清,認爲現實主義理論並不排斥合作的可能性,就算從經濟人的設定出發,行動體之間的合作當然也是理性選擇的可能結果之一。不過,不管是現實主義者所期待的霸權穩定或是他們經常論及的嚇阻或核武威懾,其實都涉及到以算計爲基礎的信任問題;這種信任基於相信對方擔心若不這麼做的話,會對其利益造成不良的影響和衝擊;亦即,這是基於嚇阻威脅所形成的信任。嚇阻意味著可以通過權力(或通俗講種種力量)使對方會這麼做或不會這麼做。

信任的形成和產生,就涉及到結構的運作(或建構),它可能會導致種種有形甚至無形的規範,以及種種鑲嵌在

這種結構運作（建構）中的社會關係，這是一種社會資本的建構，權力或實力的展現，目的之一就是要讓別人認知相信；否則，理性選擇的結果將是無的放矢，從而不會有實際的實踐效果。亦即權力或實力的展現，相當程度上必須通過相關行動體之間的認知和信任，才會產生效果；各種形式的衝突、暴力和戰爭，或許是認知和信任失效後的結果。趨利避害或是權力和實力的展現，目的是在尋求和運作社會資本，而各種形式的衝突、暴力和戰爭，無非也是要讓對方清楚自己的利益、認知自己的立場，甚至迫使對方相信或接受自己的利益和立場；這其中也涉及到社會資本的改變和再創造。

　　國際關係論述中的自由主義，一般被認爲相對重視合作並且努力觸及有關信任的問題。而在自由主義有關論述中，觸及到的信任問題，除了有關以知識和瞭解爲基礎的信任和以感情認同爲基礎的信任外，還特別關心以制度爲基礎的信任。談這些合作及信任，顯示自由主義者基本認爲，理性選擇主要是要營造或建構社會資本，並且在這個基礎上讓相關各方面可能雙贏或多贏。亦即，自由主義所要傳達的其實是：利益的獲得是通過而且必須依託社會資本；而通過理性選擇營造或建構社會資本的同時，其實也是在進行結構運作。

　　論述至此，我們可以問：難道就算在現實主義的世界
裡，就完全或不必有以知識理解和感情認同為基礎或甚至
以制度為基礎的信任存在嗎？儘管，在現實主義的論述
中，會著重強調行動體間資訊的不對稱，或相互資訊的提
供或獲得的匱乏，但是，現實主義者或奉現實主義行動者，
都會或可能會力求克服或想要解決這種資訊匱乏及不對稱
的問題。此外，基於文化意識型態或歷史的背景，在現實
主義的世界裡，行動體之間也可能會形成以感情認同為基
礎的信任，儘管這種信任可能是為了對抗其他的威脅。而
在現實主義特別重視的霸權穩定論述中，值得我們特別注
意的是：霸權的建立、確立和行使，代表著種種使相關行
動體得以整合行動的規範制度和鑲嵌於霸權結構中的社會
關係的形成和建構；亦即，就存在著基於規範制度而來的
信任。甚至在聯盟關係中，就算被認為可能很短暫，但是
無論如何也存在著基於聯盟而形成的規範甚至制度的信
任。

◎ 註釋

[1]趙汀陽，《沒有世界觀的世界》，北京：中國人民大學出
版社，2003，頁 194-195；王水雄，《結構博奕：互聯網導
致社會扁平化的剖析》，北京：華夏出版社，2003，頁
229-230。

[2]趙汀陽，《沒有世界觀的世界》，北京：中國人民大學出
版社，2003，頁 191。

[3]John Rawls, *A Theory of Justice* (Cambridge, Mass.: Belknap
Press of Harvard University Press, 1971), p.12, 19，中譯本見
李少軍、杜麗燕、張虹譯，《正義論》，台北：桂冠，2003；
趙敦華，《勞斯的《正義論》解說》，台北：遠流，1998，
頁 50-55，此書的作者將其翻譯為「無知的面紗」；趙汀陽，
《沒有世界觀的世界》，北京：中國人民大學出版社，2003，
頁 204-205。

[4]同註[2]，頁 191-192。

[5]同註[2]，頁 195。

[6]同註[2]，頁 194。

[7]同註[2]，頁 194。

第四章 既定或建構：
國際政治理論的反思

　　在國際關係理論的發展過程中，從古典現實主義和自由主義到新現實主義與新自由主義，形成一大主流；儘管，現實主義與自由主義之間一直有所爭論，但基本上是屬於同一典範下的張力；而針對這一主流國際關係理論，存在著來自古典馬克思主義、國際批判理論，從結構主義和女性主義（feminist）的批判和挑戰，他們之間依然也存在著分歧，但基本上，可以說形成另一個典範——「解放的」（emancipatory）[1]國際關係理論。前種典範強調獲得國際關係的「客觀」知識的重要性，而後種典範則強調導引具體實踐以改變轉換既有國際關係的重要性。雖然主流國際關係理論一直不願直接面對「解放的」國際關係理論的挑戰，但終究不能對這種挑戰所形成的衝擊視而不見；包括Alexander Wendt 在內的國際關係社會建構論（constructivism）[2]，則企圖調和上述兩者，通過化解雙方的張力，為國際關係開拓新的理論途徑，Wendt 一方面承認國際關係的客觀現實性，另一方面，則認為這種客觀現實性因著國際社會中的行動者（主要是國家）通過實踐所建構起來，從而反過來對行動者也形成結構的制約力。

一、本體論上的現實主義／自由主義 ／解放的國際關係論述 ◆

在這些國際關係理論背後，都有其不同的本體論（ontological）和知識論（epistemological）的設定。不弄清這些差異，我們其實很難搞清楚上述這些國際關係理論論述的不同之處。

首先是本體論問題，與國際關係理論相關的本體論問題是：國際關係是否為一客觀的存在。基本上，不管是新現實主義或是新自由主義國際關係理論，在本體論上都是客觀主義（objectivism），認為國際關係乃是一客觀存在，即對於集體式的行動者（如國家）或個別的行動者，具有其客觀獨立性，是獨立於行動者之外既存的事實。講的更具體點，就是認為無政府狀態是既予的或給定的（given），因此也是客觀存在的；而國際關係理論，就必須以無政府狀態為無可迴避的研究起點。

就因為新現實主義和新自由主義國際關係理論把國際關係和無政府主義狀態視為是客觀存在的，因此，也就把國際關係看成是物質有形的關係，從而走上主觀唯物論的方向，不願意承認觀念或理念的實質意義和重要性，雖然，

觀念或理念似乎在自由主義，特別是新自由主義論述中扮演一定重要的角色，但是，觀念或理念能否展現物質有形的作用，是其所重視的；亦即，觀念或理念是在被物質和有形化的前提下，才受到重視的；也就是觀念或理念只是被用來彌補物質權力和利益解釋的不足。

不過，觀念或理念的作用之所以會出現在新自由主義的論述中，代表著客觀主義本體論的發展和演變：國際關係雖然是客觀存在的，但是不能完全以物質有形的方式呈現，物質有形的呈現方式可能會以觀念或理念的提出或訴求，作爲銜接的中介。

從客觀主義本體論出發，新現實主義和新自由主義國際關係理論，基本上認爲國際關係反應既有的無政府狀態，於是就形成客觀決定論式的論述起點。不過，緊接著他們卻以個體主義（individualism）方法論來展開國際關係理論的論述，並且沿用「體系」（system）的概念，把國際關係直接稱爲國際體系，認爲國際體系包含許多基本的行動體（actor），國際體系的變化發展是這些行動體的行爲和行動交織而成的結果；這也就是說，把國際體系又視爲反映個別行動體的行爲和行動。從客觀主義本體論到個體主義方法論之間，他們以理性主義的設定來加以串聯，從個體經濟學把人或個體視爲利己者的方式出發，把作爲

國際關係行爲主體的國家，視爲利己的理性行爲體或行動體[3]。於是國際關係呈現的面貌便是：在物質有形的無政府狀態的制約下，作爲國際關係行爲主體的國家會分別進行理性選擇，追求有形利益或權力，從而形成國家間的競爭、張力、衝突或合作，決定國際體系的內容，並且促成物質有形力量的分配[4]。

　　從相同的無政府狀態的前提出發，新現實主義和新自由主義得出：國家會追求絕對可得利益和相對可得利益的不同論述方向。相對可得利益的追求是一種零和式的利得追求；而絕對利得則是非零和式的雙贏或多贏的利得追求。

　　古典現實主義把無政府狀態當成不證自明的論述前提，從而將在這個前提下的國家行動，當成是物質有形的經濟性的理性選擇的結果；而新現實主義，則進一步的凸顯國家進行物質有形的理性選擇所形成的物質力，是分配的體系結構對國家的作用和影響。體系結構是因著國家進行物質有力的理性選擇的自然結果，但這種體系結構又成爲客觀的存在，對國家行爲產生因果般的制約作用。客觀主義的本體論，使現實主義傳統強調無政府狀態和物質力，是分配的體系結構對國家的影響；相對的也就忽略行爲（動）體「建構」體系結構的這個向度。

　　在另一方面，從相同的無政府主義狀態爲前提出發，

古典自由主義認爲國家經過理性選擇，會希望通過與其他國家彼此的合作與互賴，實現雙贏或多贏，讓相關各造都能共存共榮，以保證各自的生存和發展；而新自由主義，則進一步把制度主義的向度引進，並且強調國家通過理性選擇，願意進一步建立機制或制度，來體現與其他國家的合作與互賴，而這些機制和制度所體現的權威會對行動體產生新的作用。國家間的合作與互賴，是國家通過理性選擇下的結果，是無政府狀態這種客觀現實前提制約下的產物。自由主義傳統因爲客觀主義的本體論，使其忽略國家間的合作與互賴，甚至是機制與制度的建立，其實已經顯示國家作爲一個行動體的主體能動性，亦即是行動體共同建構下的結果，而不只是在客觀現實制約影響下的被動作爲。

被現實主義和自由主義當成不證自明的客觀前提的無政府狀態，其實也不是既予的或是給定的，它是通過人類特別是西方的歷史而被建構形成的，它與國家主權概念的形成發展與演變的歷史是直接聯繫在一起的；可以說沒有主權國家的確立發展和國家主權的論述，便沒有現實主義甚至是自由主義兩大國際關係理論傳統的出現。

此外，現實主義和自由主義有關相對利得和絕對利得的選擇，不只是被設定爲「經濟人」的國家所做的物質有

形的理性選擇而已，其實還涉及到國家作爲一個行動體對
於所謂客觀存在的國際體系的「認知」設想甚至期待。而
且，國際體系到底是競爭（或鬥爭）、衝突、宰制支配或
合作互賴，這是行動體實踐的結果。

　　「解放的」國際關係論述，則從主體主義本體論的角
度出發，把國際體系當作包括國家、民族或其他團體在內
的行動體實踐的場域，這個場域不是既予的或是給定的，
而是會因爲行動體的實踐而改變的，亦即國際體系的型
態、內容和屬性是行動體具體實踐下的結果。如果把國際
體系當成是既予的、給定的，形式上雖然是客觀的，但實
質上是在維持以西方爲中心，或以強權爲中心的國際體系
做辯護。這種本體論當然是受到強調主體實踐取向的馬克
思主義流派的影響；其具體意義，就是凸顯現實世界或國
際體系其實是行動體通過實踐爲中介所建構起來的，行動
體所面對的、所處的是一個變動中的場域。就「解放的」
國際關係論述來看，客體主義的國際關係本體論，間接的
會成爲強權維護鞏固其既得權力和利益的意識型態，不但
忽略或刻意抹煞國際體系的內容屬性是可以被改變建構的
現實，而且在道德層次上也完全不顧所謂公平正義問題的
考量。行動體面對國際體系，不是要順從的、宿命的接受
其所謂的「客觀的」決定、影響或制約；而是要不斷的使

其不成爲強權宰制的場域，以求行動體之間的對等自由甚至公平合理的互動。

依照現實主義傳統的看法，國際體系中的衝突、對抗、戰爭甚至霸權或強權宰制，這都是行動體在無政府狀態客觀制約下，進行理性選擇所促成的客觀現實，這個客觀現實爲無政府狀態填出內容，並且體現無政府狀態表現的形式，從而也成爲行動體繼續從事理性選擇的客觀情境（context），這些理性選擇以及由此延伸出來的衝突戰爭以及霸權或強權宰制，沒有所謂對錯是非的問題，只有「客觀的」有利與不利的問題。至於自由主義傳統，雖然強調行動體在無政府狀態制約下會通過理性選擇，以合作互賴創造雙贏或多贏，避免衝突或戰爭來使彼此能共存共榮。這其中的和平的訴求，以及合作互賴的強調，也是爲了滿足行動體彼此客觀的現實生存發展利益的考量。亦即，從理性選擇，不管是造成行動體之間衝突、對抗、戰爭或合作依賴，這都是一種客觀的自然而生的結果。

而從「解放的」國際關係論述來看，國際體系的內容與型態，不是客觀給定的，其中的對錯是非必須被追究，而且，其間的霸權宰制應該被取消或改變；否則國際體系會淪爲霸權與強權的囊中物。

此外，所謂合作、互賴或由此延伸出來的機制的建立，

也可能是霸權或強權之間維護其權力或利益的設計，或者是要求若是行動體配合霸權或強權宰制支配的安排；更有甚者，還可能意味著霸權或強權要求若是行動體讓渡或犧牲主權的另一種型式的表現。

　　總的來說，按照「解放的」國際關係論述的角度，國際體系中的行動體間的零和與非零和式的互動，其實都是以霸權或強權為中心所建構起來的，它不是客觀給定、不可改變的。而現實主義和自由主義傳統，雖然注意到國際體系中的行動體可以進行理性選擇，可是，它們卻把這種理性選擇看成是客觀有形的現實制約下的結果，從而忽略所謂理性選擇其實是行動體主體能動性的表現，並不是客觀現實制約下的被動回應。而且，通過理性選擇所形成的結構或制度，不是靠物質有形的因素或向度就可以說明的，而必須靠非物質有形的詮釋，其內容才會體現出意涵與意義，進而也才能被理解和認知。反過來，「解放的」國際關係論述，強調國際體系不是給定、從而是可以改變的，但是，不可否認的是，可以因行動體實踐而改變的國際體系或情境，對行動體而言，既是實踐的場域也是「客觀」的現實；亦即，行動體受客觀現實的制約，同時也在其中實踐，進而會去改變「客觀的」現實，而行動體則又進入另一個因為實踐而改變的「客觀的」現實中。亦即，

「解放的」國際關係論述與現實主義／自由主義傳統，基本上都只是看到國際關係的某些層面，這就替中間路線的向度，提供了空間，而社會建構主義的國際關係理論，則視其爲具體的表現。

　　「解放的」國際關係論述，雖然根據與現實主義／自由主義傳統不同的本體論，但是，基本上也是把國際體系當成是物質有形的結構，就算是偏重文化向度省思的女性主義和後殖民主義，被用來分析國際關係時，也都朝政治經濟向度轉換傾斜。結構是具體有形的，但其內容、形式和意義是被實踐創造和建構起來的。

　　以 Alexander Wendt 爲代表的社會建構主義的國際關係論述，既承認在行動體外存在著客觀的國際關係（體系）的實體或現實，它可以制約行動體，但又強調這個實體或現實是行動體的實踐場域，是可以因著行動體的實踐而被改變的；而且，以國家爲主的行動體還可以在實踐的過程中，賦予實體或現實的意義，使其可以被認知和被理解；而且，只有通過認知和理解，才有可能導致實踐，亦即，國際關係（體系）既是一個主體或現實，更是一個文本，行動體與其之間是置於一個交互主體的理解詮釋的關係情境中。作爲一個文本，絕不是由所謂具體有形的政治經濟性的權力和利益所構成的，而是通過以語言、符號爲中介

的意義建構、詮釋和溝通所促成的。也就是說，國際體系既是物質有形的結構，又是意義的結構；因此，它既是一個意義的主體，更是一個文本和行動體實踐的場域。行動體在其中絕不只是做所謂具體有形的理性選擇，以追求有形現實的利益而已，還必須具備文本詮釋、理解以及由此所延伸出來的行動體之間的溝通能力。物質有形利益的追求，必須通過對文本的詮釋以及由此所相關的認同和身分的界定，才會有其意義，也才能進行；而通過認同、身分界定，以及由此延伸出來的理性選擇和利益追求，所改變建構出來的客觀現實，又會去制約影響行動體的認同和身分界定。

其實，現實主義／自由主義傳統、「解放的」國際關係論述，以及社會建構主義的國際關係論述，都是從內理解掌握國際體系的途徑，而這些途徑之所以能夠形成，除了有其本體論上的依據外，更重要的還有來自於個體主義／自由主義思想、馬克思主義、結構功能主義、後現代主義和後結構主義、社會行動論的影響。亦即它們各自的本體論的內涵，是靠後面這些論述而獲得呈現的；沒有後面這些論述，它們的本體論是無法被理解、甚至是空洞的；通過後面這些論述所呈現出來的本體論論述，就可以形塑一套有關國際體系的理解和詮釋，甚至形成一套文化氛

圍，當制約影響行動體的行動，我們可以這麼說：國際體系中行動體間的互動，絕不是所謂通過理性選擇爲中介所形成的絕對利得和相對利得的計較而已，更是各種認知、理解以及文化論述的競爭；絕對利得和相對利得的計較，與各種認知、理解以及文化論述的爭鋒之間，是相互滲透、相互支撐的關係，它們之間不是二元對立的關係，而是辯證結合的關係。這也就是說，本體論必須被轉變成一套認知、理解以及文化論述，才能發揮具體現實的影響力。我們還可以進一步說：現實主義／自由主義傳統、「解放的」國際關係論述，以及社會建構主義的國際關係論述，都是本著各自本體論所形成的一套認知、理解和文化論述。

二、知識論上的現實主義／自由主義／解放的國際關係論述

在知識論方面，由於客觀主義本體論的制約，現實主義和自由主義兩大傳統基本上形成客觀主義的知識觀。知識論認爲我們面對「客觀的」國際體系或關係時，就是要獲得有關的「客觀」知識，並且通過工具主義的角度認爲所獲得的這些「客觀」知識，是用來解決或化解現有國際關係體系會面臨的問題，以保證國際體系中的社會和權力

關係能夠持續存在和正常的運轉，從而又表現出功能主義的知識觀點，亦即，人們所獲得的有關「客觀」知識，是為現實的國際體系中社會和權力關係而服務的，以維繫保證甚至鞏固既有的國際體系為前提。

亦即，之所以要去獲得有關的「客觀」知識，目的是為了進行理性選擇，有利於絕對利得或相對利得的追求。而為了實現這種目的，人們最主要的是去找尋發現國際關係中的客觀因果關係，進而去解釋預測或掌握國際關係的運轉。在這種知識觀中，當然會儘量要求人們不要涉入道德或其他價值的評斷和考量，以求所謂的「客觀」；從而達到所謂中立超然。人們或行動體獲得這種知識，目的是擁有在既存的、給定的國際體系中生存的理性選擇的能力，以結構分析解釋或進而掌握控制現實。

由於客觀主義的知識觀，使現實主義／自由主義傳統認為，有關國際體系的客觀知識，是反應和呈現現實；因此，人們不能也不必從批判或解構的向度去看待現實，任何不能「客觀」反應和呈現現實的論述，都是非理性的，甚至是所謂帶有「偏見」的意識型態論述。

這種知識觀，首先要人們去掉主體性，去找尋發現現實的客觀規律或客觀性；亦即人所面對的是一個客觀的結局、也是物化的現實；在這個向度上，這種知識觀很容易

延伸出保守主義的社會或政治心態，從而取消人們的批判、解構意識和能力，變成維繫既有現狀的工具；而在另一方面，這種知識觀強調：當人有了這種客觀的知識，就可以分析解釋，甚至可以去掌握和控制現實，這就爲一些知識或權力菁英建立並維繫其地位和權力，取得合理性的辯護基礎。

　　既然知識或理論是去主體性的反應或呈現現實的結果，因此理論也被要求與行動體的行動實踐區隔開來；行動體在獲得這些客觀理論或知識後，就依賴它客觀的去理解或掌握、控制現實；亦即，行動體的這些解釋或對現實的掌握控制也是「客觀」進行的，是沒有價值或偏見的成分。

　　「解放的」國際關係論述，基本上從主體主義的本體論出發，把國際體系不只當成給定的，而是行動體進行行動實踐的場域；因此，行動體置身於實踐場域中，絕不是想去獲得有關的「客觀」知識，而是如何繼續其行動實踐；建立有關國際關係的論述或理論，是行動體的行動實踐的表現，或是某種形式的行動實踐，更是促使國際關係改變的中介橋樑。亦即，有關的論述或理論的建立，絕不是爲了呈現或反應客觀的現實，更重要的是爲了批判、解構、超越或改變現實。爲了體現論述或理論的這種實踐功能，

相關的論述或理論會著重在強調既存的國際體系結構或國際關係是以霸權、強權宰制爲中心或者由錯誤的意識型態所掌握的，因而使其違反公平正義與人道主義，並且使行動體無法真正的認清現實與自己，因而必須有所改變。

　　「解放的」國際關係論述，基本上就是呈現兩種途徑：激進的結構主義和激進的人本主義。前種途徑要求行動體必須通過由現實結構中既存的宰制壓迫所延伸出來的衝突對抗中，從既存的不合理的現實結構中解放出來；而後種途徑則要求行動體必須體認既存的現實是由錯誤的意識型態論述所界定和掌握的，因行動體必須要有自覺而後具有批判的能力。要求自己不再作爲「自然存在」（自在）的或叫做「客觀」的存在，進而轉變成「自爲的存在」，彰顯自己的主體性。上述這兩種途徑分別都受到馬克思主義的影響，前種途徑被認爲是受所謂成熟馬克思主義的影響，而後種途徑則被認爲受馬克思早期以異化論爲主的論述的影響。更進一步來說，前種途徑貫穿了馬克思主義發展過程的第二國際、第三國際，包括列寧主義、史達林主義和共黨國家官方的論述，達倫道夫的社會衝突論、阿爾杜色（Althusser）的結構主義的馬克思主義、依賴理論、世界體系理論；而後一種途徑則是通過馬克思《一八四四年經濟手稿》、盧卡奇（Lukács）、葛蘭西（Gramsci）、

法蘭克福學派（Frankfurt School）、後現代主義、女性主
義和後殖民主義（post-colonialism）等獲得發展的。

不過，其中特別值得注意的是，並不是所有女性主義
的國際關係理論都要求解放。女性主義的國際關係論述基
本上包括現實主義或稱為經驗主義的女性主義、激進的結
構主義的女性主義以及後現代主義的女性主義，其中後兩
者才會著重要求婦女的解放[5]。此外，依賴理論或世界體系
理論，雖然與現實主義／自由主義有著不同的本體論，但
基本上與現實主義／自由主義一樣把行動體視為進行具
體、物質與有形的行動者，而其實踐當然是具體、物質與
有形的。其實，可以說，整個激進的結構主義的途徑，都
有相同的看法；他們雖然注意到結構之所以必須改變，有
其價值理念的意涵，但是，他們都強調結構改變在歷史發
展中的重要性，從而把價值理念層次的重要性看成是從屬
的。

三、一個新的詮釋觀點：社會建構論的主體 ／客體辯證

面對於社會建構論的國際關係論述而言，因為其在本
體論上，一方面承認有「客觀」現實的存在，但另一方面

又強調這個客觀現實是行動體通過行動實踐建構促成的。
這種本體論所延伸出來的知識觀，就會形成如此的看法：
一方面承認存在有關國際關係的「客觀」知識，但這種知
識是因著行動體的行動實踐而成為可能的。亦即客觀知識
存在是奠立在行動體行動實踐的基礎上。對社會建構論的
國際關係論述者而言，國際體系中的行動體（主要還是國
家）置身於歷史長河中的「客觀的」結構現實中，使其具
有時空交錯而成的位置和身分；亦即行動體通過歷史和現
實結構所擠壓出來的「社會」身分，和其他行動體以及「客
觀的」結構現實互動，歷史和「社會」身分會制約行動體
利益選擇和追求的內容、意涵和方向，而這種行動選擇又
會去改變建構「客觀的」結構現實以及歷史[6]。亦即，行動
體在行動實踐的過程中，必須伴隨著對歷史長河中形成的
「客觀的」結構現實的認知、理解與掌握，這種認知、理
解與掌握是行動體的行動實踐的表現，或可以說是行動體
行動實踐的一個環節；而行動實踐又會改變「客觀的」結
構現實的內容，從而又必須引導另一波的認知理解。亦即，
社會建構論的國際關係論述，一方面把理論或知識的追求
和建立，看成是行動體的行動實踐的環節，從而企圖消解
理論與實踐二元對立的張力；但另一方面，又承認理論與
知識可以具有客觀性；不過，這個客觀性不是先驗的、被

給定的，而是行動體通過行動實踐所促成的「客觀」現實的反應和呈現。

社會建構論的國際關係論述，主要是要告訴人們，客觀的現實是在歷史中形成的，而歷史是行動體過去行動實踐的過程；通過歷史所形成的客觀現實讓行動體擁有歷史角度以及社會性的結構角色；因此，行動體彼此間通過歷史與社會結構現實而具有整體的（total）關係，整體性（totality）所形塑現實下的角色和身分，會制約影響行動體的行動實踐的方向、內容和意涵；亦即這種行動實踐絕對不會是一種抽象的經濟性的理性選擇或利益追求。也就是說，行動體是社會存在和歷史存在，而不是抽象的抽離社會和歷史的經濟存在；至於國際關係和國際體系更是經緯萬端的社會歷史文化實體，而不是抽象的抽離社會和歷史的市場或經濟實體。

透過歷史和社會結構所形成的整體性才能形塑或甚至制約影響和規定行動體的個體性（角色與身分），而依據著個體性所開展的行動實踐，又會去建構形塑國際關係或體系的整體性，整體性與個體性之間不是二元對立的，而是相互滲透、相互保證的辯證統一在一起。因此，行動體之間或行動體與國際體系之間的關係，不是抽象的因果關係；亦即因果關係是內於結構和整體中的，而不是互不隸

屬，或甚至二元對立的兩個範疇。傳統經驗主義的因果觀
就是這種二元對立的因果觀，這種因果觀有可稱之為外在
的因果觀，把原因看成是獨立於結果之外的範疇，而且以
絕對抽象的方式導致結果的產生。

這種因果觀念，基本上是以線性的或撞球式的邏輯為
基礎，缺乏整體和結構邏輯的考量，因此是抽象的。而從
整體結構和歷史的向度所形成的因果觀念，基本上是內在
的因果觀念，這種因果觀念不只是考量時間因素，還考量
空間的因素，因果關係是內於整體和結構中產生的，它們
的產生和發展本身又帶動整體和結構的變化和發展[7]。

所謂整體性對於行動體而言，代表著某一方面行動體
可以有客觀現實作為依託憑藉或行動實踐的場域，但另一
方面又能通過此依託憑藉或場域，以行動實踐作為中介來
展現個體性或主體性。而這也就是說，通過行動體和行動
實踐，整體性和個體性獲得統一，沒有來自於歷史和行動
體的行動實踐就沒有整體和整體性的形成；同樣的，沒有
整體和整體性作為依託，就沒有行動體的行動實踐從而也
就缺乏個體性和主體性的展現。亦即理論或是知識的形
成，代表著主體性和整體／個體的辯證統一；理論或知識
的確立，不只代表對客體認識的呈現，也代表著主體的行
動實踐；不只代表整體對個體制約影響以及規定力量的展

現，也代表個體展現個體力的表現。

　　社會建構論的國際關係論述，在本體論與知識論上，企圖跳出主體主義和客體主義的區隔或對立，進而強調其實主客體都不是先驗的、被給定的，它們彼此都是透過行動體的行動實踐，相互生成和建構出來的；亦即行動體透過行動實踐去生成、建構客體，而行動體又以行動實踐為中介，通過客體來生成、建構主體；這種主客體互為建構·的過程，即是歷史屬性的一部分，同時也是社會結構呈顯的一環；在行動體的行動實踐過程中，才會出現客體以及主體，它們在行動體的行動實踐過程中，可以不斷辯證統一為整體，而在這個整體中，主體中有客體因素的制約影響滲透力的存在，客體中有行動體行動實踐的作用力存在；主客體彼此之間呈現「你中有我，我中有你」的現象。很明顯的，社會建構理論的國際關係論述，想要調和現實主義／自由主義傳統與「解放的」國際關係論述的企圖相當明顯，因此，其想要作為後兩者之間銜接的橋樑的角色也至為突出；這種企圖與角色的表現當然受社會行動論的影響，不過受馬克思主義影響的程度，更不容忽視。

　　在現實主義／自由主義傳統中，國家是主要甚至是唯一的行動體，這種認定或設定、或現實與民族國家的論述和發展有直接的關係，因此，也是被建構出來的歷史結果。

而在自由主義國際政治論述已經強調國家讓渡主權以形成合作或互賴機制的重要性，隨著國際體系中互賴情境的更為發展，主權的內外在區隔開始崩解，而讓渡主權的必要性也日漸成為一個現實，主權讓渡的結果，首先就是一些由國家共同參與組成的跨國家機制或組織的出現，他們當然是國家的組合，但又對國家產生制約影響力。而隨著一些市民社會（civil society）力量的發展，以國家為中心的政治論述，開始遭到挑戰，多行動主體的治理（governance）論述也從九〇年代開始抬頭；更有甚者，隨著市民社會的跨國化或全球化發展，以國家為中心的國際政治論述也遭到質疑，包含跨國企業、非政府組織（NGO）、非營利組織（NPO）在內的力量的發展，被認為對國際政治產生愈來愈不可輕忽的作用和影響，多元行動主體的「治理」論述也進入國際關係的論述領域中，全球治理觀點的勃興並且引發各界的重視。國家被認為必須通過這些國內或跨國的市民社會力量，才有可能去解決許多非國家所能獨力完成的事情和問題；而這些跨國的非國家力量，確實也對國家產生相當大的制約和影響力。這種形勢的發展，當然顯示將全球事務完全國家化已經是不太可能、甚至是不符合現實的。

　　社會建構論的國際關係論述注意到上述這些發展，但

顯然還是寧願選擇國家作爲國際關係的主要行動體；順著社會建構論的論述邏輯來看，跨國市民社會力量的發展還不足以大到將其自身建構爲和國家並行或分庭抗禮的行動體，充其量只能是國家或國家聯合體的補充。不過，隨著冷戰的結束，要求一體化的舊霸權結構也隨之解體，種族、族群的差異和自主性的要求隨之勃興，以國家爲中心的國內政治和國際政治論述，恐怕將愈來愈難獨霸，再加上後冷戰時代所衍生出來的認同的多元和分歧程度的擴大，人類到底會進一步建構出什麼樣的生態格局，值得吾人特別關注；而可以想像的是，其面貌恐怕將超出以國家爲中心的圖像。以國家爲中心的論述，可能是一種嚴重的化約，不管是現實主義／自由主義傳統，「解放的」國際關係論述，以及社會建構論的國際政治論述，都必須嚴肅的去面對上述的問題。

四、代結語：資訊時代下的主權轉換

主權有內在和外在的向度，這兩個向度具有關聯性，不過，這種關聯性隨著歷史的演變而呈現不同的形式。在

二十世紀早期，主權的內在向度被認為優先於外在向度，
但是在二次世界大戰以後，這個觀念退潮，主權的外在向
度被認為優先於內在向度；不過，這種形式在冷戰結束後
又有所改變，主權的內在向度的重要性受到重視。前所述
及，國際政治現實主義的形成，與民族國家和主權的論述
與發展直接關聯起來；如果講得更細一點，國際政治的現
實主義主要是順著主權的外在向度邏輯發展出來的，主權
的外在向度被認為與政治領袖和政府關聯在一起，而與市
民社會的形成發展經常形成張力或甚至對抗衝突；因為，
主權外在向度的運作，經常會變成獨裁專政的辯護基礎，
從而成為壓制多元社會力量發展，以及反駁所謂外來干預
介入的藉口，很明顯的，冷戰結束後，世界的動亂基本上
不是由外來的干預介入或「侵略」所引發，而是一國內部
的種族、族群衝突或獨裁統治所引起的。因此，世界的和
平或區域的穩定，繫於國家能否順利甚至合法正當的運作
其內在向度的主權，這種主權的行使，不只強調國家能否
有效運用強制力，而更在於能否具有合法正當性，隨著這
種形式的發展，人民主權（popular sovereignty）的論述開
始勃興；在這種向度下會強調：主權如果要受尊重，只有
當一個國家的人民有機會去遂行他們的政治、經濟和文化
權利，才有可能。對人民主權的強調，將會特別凸顯市民

社會的重要性，而前述「多元行動主體」的「治理」格局
會成爲政治論述的核心之一。

　　此外，隨著資訊科技以及由其所加速促成的全球化發
展，具有一定資訊科技能力和條件的個人、單位或組織，
都可能串成一個以網際網路、光電設備爲中介的網路，並
且形塑一個有系統無國界的虛擬空間，而更多的資本、文
化、知識、訊息將在這個虛擬空間和網絡中流動穿梭；空
間的轉換與發展，創造有利於過去的行動體，並且促成不
同面貌的國內和國際政治的運作，甚至已有論者提出網路
主權的概念，並且強調維護捍衛網路主權是國家最重要的
外交政治任務之一；而就主權的內外向度來看，網路主權
到底算是哪一個向度，或是獨立的新的向度，這都是國際
政治或相關的政治論述必須面對的重要課題。而且，虛擬
空間的形成，對於傳統的本體論和知識論都會造成衝擊，
因這個空間到底是物質的、還是心靈的、或是兩者都不是，
或者兩者都是，恐怕不是傳統的本體論和知識論所能回答
的。

　　而以**網路爲載體**，進一步說就是以不受國界限制的全
球爲載體，國家不再是唯一的行動體，同時也不再是唯一
的分析單位。此外，由於網絡所呈現的是有系統無固定形
式或形狀，「全球」所涵蓋和指涉的範圍大也可能有所不

同；將來這種網絡的形狀和內容的轉換，可能影響國與國之間的關係形式和內容，甚至也不只是跨越國界，也會跨越區界或實體界限，形成一種超三維的多維組合；論述至此，我們不得不對於我們所要面對的本體論和知識論的變革挑戰，以極爲嚴肅的心理準備來加以因應。

◎ 註釋

[1]Roger D. Spegele, *Political Realism in International Theory* (Cambridge University Press, 1996), pp.8-9；Alexander Wendt，秦亞青譯，《國際政治的社會理論》，上海：上海人民出版社，2000，頁7-9。

[2]Alexander Wendt, *Social Theory of International Politics* (Cambridge University Press, 1999), Chapter 1.

[3]Kenneth Waltz, *Theory of International Politics* (Boston: Addison-Wesley, 1979), p.91；Alexander Wendt，秦亞青譯，《國際政治的社會理論》，上海：上海人民出版社，2000，頁31。

[4]同註[2]，pp.5-6.

[5]Roger D. Spegele, *Political Realism in International Theory* (Cambridge University Press, 1996), pp.11-12.

[6]Alexander Wendt, "Constructing International Politics," in Michael E. Brown, Owen R. Cote, Jr., Sean M. Lynn-Jones, & Steven E. Miller (eds.), *Theories of War and Peace* (The MIT Press, 2000), pp.420-422.

[7]同註[2]，pp.25-26.

第五章 國家或全球：
社會與非社會

　　「全球化」這個概念，目前已是耳熟能詳，但迄今仍有很大的爭議、討論甚至混淆；不過，無論如何，它作爲一個議題，已經引起政治學家、經濟學家、社會學家、文化學家等的高度關注和投入，他們分別從不同途徑企圖去解讀、分析全球化，通過這些分析解讀，多面向地呈現「全球化」這個被當作是過程、現象甚至是實體的議題的內涵。

一、個體／總體：由系統到社會的國際觀

　　雖然迄今仍有人企圖從「國際化」的意義中延伸，來分析解釋、解讀全球化，把全球化當成不斷擴大中的國際化；不過對「全球化」議題的關注和研究，基本上會衝擊、解構「方法論的民族國家主義」（methodological nationalism）[1]，研究分析不再是以民族國家、或簡單的講以國家爲單位，而傾向於以全球當作分析單位，從全球作爲一個整體架構，把握整體和部分，或整體中部分與部分的結構關係，進行政治、經濟甚至文化的分析，而就因爲從總體性（totality）出發，研究者就不再是從直線的外在因果觀，而是從內在因果觀同時也是辯證的因果觀去掌握分析事件與現象的形成與發展，換比較具體的說法就是，

研究分析的參考座標不再來自民族國家間的區隔與對抗，而是順著全球／地方的對應雙軸延伸。

　　亦即，總體性替代了系統（system）成爲分析研究的後設基礎，一般的國際政治論述認爲，民族國家的行動和互動形成了系統，但系統的發展及其內涵，係由作爲個體和基本單位的民族國家的理性選擇所決定，當然，由此所促成的「系統」又成爲個體進行理性選擇的背景，而個體與系統的關係，則通過功能主義的角度來加以串連。系統既是順著國家取向而形成，那麼就會做出以下推論：有國家的存在才有系統的存在，系統是延生性的現象。而以總體性作爲系統研究的後設基礎，則會認爲，總體先於部分而存在，有總體才有部分，亦即總體是作爲先驗的載體，但卻可以導引出部分或個體具經驗性的行動，個體或部分要先理解其在總體中的定位，然後再順著總體／個體或總體／部分的對應座標去行動或互動。

　　由個體或部分行動或互動形成的系統，當然夠不上成爲共同體（community），而且，更稱不上社會（society）；不過，反過來，共同體或社會當然可以被視爲系統。從國家主權的外在向度的排他性，以及國家數目密度不夠大，一般的國際政治論述一直沒有把國際關係視爲一個社會。以國家爲唯一的分析單位，有關的世界政治或經濟的論

述,當然很容易會以國家數目密度不夠大,而無法把世界
視爲一個社會,但是隨著跨國互動與合作現象與範圍的擴
大,市民社會的全球化,跨國企業、跨國非政府或非營利
組織的發展所形成的全球治理格局的出現,再加上國內外
政治的緊密相互制約和影響,導致主權的運作必須從排他
性向包容性的方向轉移等等,國家不再是唯一的行動體,
而呈現多元行動體的現象;而且,世界的運作也呈現多層
次的方式在發展,必須將「系統」往「社會」方向轉折的
要求也日益迫切和高漲。就算仍然要把國家視爲主要甚至
是唯一的分析單位,也必須體認到國家之上和之下甚至周
遭仍然存在多層次的運作,因此,國家只算是這許多層次
中的主要層次。

　　傳統的「社會」概念是以民族國家爲取向的,基本上
呈現「一國」社會的認知格局,有關的社會學論述侷限在
一國內部,受到主權以及其所延伸出來的領土和政治範圍
的框限,「社會」概念跨過民族國家界限,往跨國或世界
取向轉折,歷經一個演化或淨化的過程,國際政治領域一
直到了九〇年代,才具體出現把國際關係當社會看待的轉
折,其中尤以 Alexander Wendt 爲代表的國際政治的社會建
構論的出現,最引人注目[2]。總的來說,在國際政治領域中,
主流的國際政治理論一直都傾向於把國際關係視爲「系

統」，就算要進一步的視爲「結構」，也還不是從「社會」取向出發，而是從個體論的國家中心出發，從主權的排他性和所謂理性選擇去論述這種「結構」的屬性，亦即這種「系統」或「結構」基本上是抽離社會的純粹經濟的生態，而不是「社會」系統或結構，反過來，被視爲非主流的國際政治或經濟論述反而相對的會跨越國家中心的論述，把世界當作一個社會來對待，這對於傳統的社會學而言，是一個重大的進化和演化：社會學出現向世界和全球的轉折，世界或全球變成社會學分析的單位，國家變成全球這個單位（總體）中的一部分。

二、全球社會的建構與形成：建構或發展的迷思

傳統的國際關係理論是以國家爲中心取向的，而在討論國防和國家安全時，都是將其與維護國家主權連結起來。亦即將國家安全視爲對國家領土完整和外在主權的保護和維持；而從此向度出發，所謂國家安全就是指一個國家冤於外來軍事的攻擊或威脅，這種安全觀不只是以國家爲中心更是以軍事爲取向，往往很容易成爲獨裁者統治的藉口或合理化辯護的理由；因爲獨裁統治者很容易以維護

國家安全為槓桿，作為壓制內部多元意見甚至侵犯人權的理由。因此，有不少論者強調應將安全觀的詮釋從以國家為取向，轉變成以人民為取向，從國家的手中保護人們個別生命財產和其他的權利；而這種人民安全觀的塑造與上述主權觀從國家取向往人民轉變相配套。

　　從近代以來，人類的現代化是伴隨著民族國家的發展建構而運作，主流的國際政治論述，基本上屬於這個現代性發展浪潮中的一環，是現代性展現的具體成果；而非主流的國際政治或經濟論述，則傾向於不侷限在民族國家取向範圍內，相當程度突破了傳統現代化的框架，展現了後現代的意涵，而民族國家的形成，是以西方為取向的，並且相當程度與資本主義的形成發展與擴張連在一起，主流的國際政治論述反映了這個現實，而非主流的國際政治或經濟論述，則相當程度上對此發展進行反思和批判，而這種反思和批判，則力求突破以西方為取向的民族國家的論述框架。以民族國家為取向，基本上會掩蓋階級、階層、種族、族群間的矛盾、衝突和鬥爭，這是相當「反社會」的，就算不看這些向度，也必須看到，國與國之間不對等的政治、經濟甚至文化關係所導致的剝削、壓迫、矛盾與衝突，主流的國際政治論述，把這些現象和爭論，都朝國與國間的相對利得和絕對利得的選擇結果的方向去解釋，

從而把它們當成是客觀的事實，而無須加以反思批判或改造。

在另一方面，有一個問題是值得關切的：到底是國與國的行動和互動形成「社會」，還是世界或全球本來就是個「社會」，國家只是其中的部分或個體。從主流的國際政治理論的變化來看，基本上會較傾向前種變化；而非主流的國際政治或經濟論述則會傾向於後種看法，並且強調，世界或全球作為一個「社會」，不是由國與國的關係作基礎的，而是通過資本主義、科技或整體人類的生存需要等等非國家取向的宏觀力量所促成的，國家充其量是作為這些主觀力量展現的中介或代理者而已。

由上面這些分析，把全球或世界當作一個社會，並從總體性的前提出發去進行分析研究，這是人文社會科學的演化；因此，「全球化」在方法論上的意義就是世界社會或全球社會意識的抬頭與確立。而隨著這種方法論意識的轉折而來的是，人們會把世界或全球當成一個整體的意識的勃興，這當然會導致整體論（holism）的方法論傾向的發展。當然，作為整體的世界或全球，到底是既予給定的（given）或是通過實踐和歷史而建構的結果，是可以有客觀主義（objectivism）和主體主義（subjectivism）的爭論，或是調和兩者的看法。不過，從發展的軌跡來看，全球或

世界被當成一個社會，這是實踐和歷史發展的結果，但同時它又可能成爲一個實體而存在，產生「客觀的」制約作用。

　　從最直接浮面的邏輯來看，「全球化」代表跨國界的力量趨勢，國家不再能獨自決定、制約或侷限政治、經濟、文化等的運作邏輯，亦即政治、經濟、文化不再依國家來劃界，而呈現跨國的非國家和主權堅持所能限制的連結，「全球化」這個概念、訴求和論述，在一定程度上是與國家中心論述相對應，才顯現其意義的。因此，不能把「全球化」理解爲擴大化的「國際化」或「國際化」的不斷延展，從「國家化」到「全球化」的方法論意識的轉折，這不只涉及個體論向整體論的方法論的變化，也觸及到前述從外在、直線的因果觀向內在、辯證的因果觀的變化。

　　「全球化」代表世界從「系統」向「社會」的發展；而由此所延伸的問題是：這種發展到底是「客觀自在」的過程，還是自爲的歷程；贊同前者的看法，會傾向從經濟主義、科技主義或現代化主義的角度來解釋；而贊同後者的看法，則會傾向從人類生存需要、個人、團體、國家實踐的需要去解釋；環繞這兩種看法，馬克思主義歷史唯物論中的經濟基礎或上層建築的範疇就會浮現，從而爭論到底何者會最終決定社會和歷史的發展。而從這種爭論再延

伸下來，就會出現所謂馬克思主義和韋伯（Max Weber）論述的分歧，將馬克思主義等同於經濟主義，以及將韋伯論述等同於上層建築或文化主義，進而使兩者對立起來。或許，「全球化」既是一個主觀存在的過程，也是自為的歷程，它是經濟、政治、文化等多維度共同作用的過程。爭論其中哪個維度重要，基本上違背「全球化」發展所要求的「總體性」觀照的原則。

　　就如前述，長期以來，主流的國際政治論述一直以國家密度不夠，不太願意將視野從「系統」往「社會」轉換；不過，翻開現在的世界圖像來看，民族國家和行動者相對於跨國的行動者之間的互動，正在如火如荼的進行著，因此，如果正式接受跨國行動者作為正式的行動體，那麼世界因為行動體的密度不夠而無法成為一個社會的理由，就會進一步遭到質疑；其實，重要的是，與其爭論世界中的行動體密度是否大到可以構成一個社會，倒不如承認它是一個遠比主權疆界範圍限制下的一國內部社會大而且複雜的社會。在這個社會中，民族國家當然必須讓渡一些主權，但同時跨國行動者因為以科技和經濟因素作為載體，也具備了超出主權國家框限的條件，在這個社會中，我們當然不能再無視於跨國行動者或行動力量的影響力和作用，但同時，我們可能也暫時無法過度輕忽民族國家的角色和作

用，抽離民族國家，跨國行動者或行動力量基本上會成爲
無根的浮萍或失去棚架的藤蔓一般；而抽離跨國行動者或
行動力量，民族國家對於許多事務的處理，恐怕也會陷入
有心無力的窘境中，甚至連主權的行使也會出現問題；因
爲愈來愈多的問題，促使民族國家必須相互依賴和合作，
甚至通過跨國行動者作爲中介，才能將問題解決，這已經
成爲國家能力展現的重要環節，亦即必須通過民族國家和
跨國行動者的互動，才能使問題獲得處理和治理。這是全
球治理（governance）圖像中的重要環節。在國內政治中，
正式制度或依循這些制度所建立的組織或力量，與跨制度
的非正式組織之間的關係，基本上不是二元對立的，它們
之間也許存在著張力，但同時更具有相互滲透、相互影響、
甚至相互支持、相互保證的共謀共生的關係，非正式組織
或力量可以補充或表現出正式組織所無法做到或實現的角
色與功能，但非正式組織又必須依託正式制度或組織，世
界社會中的民族國家行動者和跨國行動者的關係，其實也
愈來愈像上述的國內社會正式制度／組織與非正式組織／
力量的關係，其間並不是二元對立的關係，而更傾向於是
一種共謀共生的關係。

　　主流的國際政治論述，由於不願或無法將世界視爲社
會，他們從無政府狀態（甚至也可能是原始的無社會狀態）

的預設出發，從個體論出發，將國家作爲一個行動者，被
當成是一個經濟人，而不是「社會存在體」；雖然，他們
也投出「體系」甚至是「結構」或「制度」的概念，但由
於他沒有把世界當成是社會，他們還是必須停留在方法論
的個體論上，從而辛苦的想要去連結個體論和系統、結構
與制度向度間的關係，企圖想要化掉其間的張力；Wendt
的社會建構論，在承認世界是個社會的前提下，努力的想
將主流的國際政治論述帶出論述的困境，在方法論上做出
了從個體論向整體論的轉折，並且力求結合社會行動論和
結構主義，Wendt 承認國家作爲一個行動體，是一種「社
會存在者」，而不是純粹抽象的經濟人或經濟存在。不過，
Wendt 似乎不太願意正式承認跨國行動者作爲一個社會存
在者的屬性，這也許是其論述亟待補強之處，否則，其有
關國際政治的社會論述是會有所缺憾的，跨國行動者不被
視爲是一種社會存在，世界或全球要作爲一個社會，永遠
都是不夠圓滿的。

　　華勒斯坦的世界體系論述，與主流國際政治論述最大
的不同地方，當然就是其從非民族國家或非國家主義中心
向度來進行論述；從而也將世界當作是一個環環相扣的社
會，世界成爲其分析的單位，而不再侷限在民族國家界限
內。他強調，以資本主義爲載體的經濟運轉呈現跨越民族

國家的發展，形成全球化的格局，亦即世界或全球是靠資本主義的發展而成爲一個社會的，但這個社會基本上是一個經濟主體，而其中的行動者「階級」也是經濟範疇；這種經濟主義的途徑，其實相當程度抵銷了企圖作爲一種批判理論的世界體系論述的力道，從而幾乎使華勒斯坦幾乎就陷入客觀決定論的困境中，而無法彰顯批判甚至導引革命實踐的可能性。華勒斯坦卻想要在這個邏輯上引導出批判、甚至革命實踐的意涵和可能性，這中間是存在相當大的張力的，跨國界的力量、趨勢的發展，當然或許受到資本主義、科技發展的影響，但還有世界作爲一個社會本身結構的要求所使然。資本主義或科技跨越民族國家界限的發展，基本上代表著人類所形塑的許多力量不可能只侷限在一國內部社會中，而必須或必然會跨越民族國家的界限，亦即，資本主義和科技的發展，代表世界本身必然成爲一個社會，而世界作爲一個社會，才形塑了資本主義和科技發展揮灑的空間。或許有一天，由於資本主義和科技的發展，會出現越過地球限制的跨星球的行動空間，或以宇宙爲範圍的更大社會的形成。

在另一方面，在華勒斯坦的論述中，雖然強調資本主義擴散的滲透影響力，突出了以資本主義爲取向的一體化的趨勢；但是，華勒斯坦也注意到在資本主義擴散滲透的

過程中「在地因應」的問題，並且認為，不同地區的經濟表現，都是資本主義滲透與在地因應共同作用下的產物；不過，華勒斯坦在這方面的論述，終究是從屬在有關中心／半邊陲／邊陲的結構主義式的論述架構之下，並沒有得到真正的發揮。不過，無論如何，都帶給了我們一些啓示：全球化發展必須通過在地因應作為槓桿，才能呈現或落實；亦即，在全球化發展的過程中，允許不同地方、族群、國家以各自不同特色的方式、途徑來承接全球化，也就是說，同樣是資本主義的滲透影響，但可以英國式、美國式、台灣式、日本式等等不同方式、各具特色的資本主義呈現和表現，所以，在資本主義的滲透擴散過程中，其實本來就是以辯證的方式在進行的。總的來說，資本主義的形成發展必然會要求以全球爲範圍，而其模式和機制是相當辯證的。資本主義是源於西方，原屬於具有地方或甚至國家特色的經濟模式，其發展代表是西方特性的經濟模式的普遍化發展，這是一種特殊性的普遍化過程，而反過來，這種普遍化過程之所以可能，又必須以在地化或特殊化的過程作爲中介，這又代表著普遍性的特殊化（在地化），然後總的資本主義全球化發展才獲得實現。所以，全球化與在地化本來既是辯證的共謀共生關係，就不能將之視爲二元對立的關係，這也就是羅伯遜（Roland Robertson）所提

的「全球在地化」（glocalization）概念的真正意涵[3]。因此，我們不能從純粹的一體化途徑去看待全球化，而必須看到全球化的過程中，普遍與特殊辯證結合的向度，否則會使對全球化的觀照，失去現實意義。

三、全球社會的成形：跨國力量的展現與作用

人類第一次所稱的現代化，是從西方出發，以西方爲取向、爲中心，進而向外接觸，其具體形式是通過西方從封建轉變成民族國家，並以其爲槓桿，配合海外殖民以及帝國主義作風，爲資本主義的滲透擴散創造更大的空間和市場；可是，就在這個資本主義滲透擴散的過程中，也激盪出非西方的民族主義、種族主義甚至是國家意識，而這些意識的覺醒或落實，主軸是在承接或對付資本主義，而其目標總的來說，都說是爲了追求現代化；亦即，人類第一次所講的現代化，與資本主義的發展擴散、民族主義及民族國家的形成發展落實是相結合的，它是以民族國家爲單位、爲節點的，而且總的統攝在以西方爲中心、爲取向的結構之下，因此，也帶有西方國家垂範或示範其他非西方國家或地區的意義，這當然會具有要求一體化的傾向，

但在現實的歷史發展過程中，卻是非西方國家或地區以不同的方式或途徑去承接資本主義，或去展現現代化，於是呈現在一體化要求壓力下存在差異性或特殊性的現象。民族國家一方面作爲承接資本主義的單位和節點，但另一方面又扮演涵融資本主義的角色，一體化和特殊差異性在民族國家辯證結合在一起，這也就是說，民族國家擋不住資本主義或以資本主義爲載體的現代化要求的跨國擴散力量，但另一方面，在民族國家涵蓋範圍內的地方力量，卻又可以以具有特殊性的「地方」身分去消融轉化資本主義和現代化力量。作爲一種力量和過程，現代化及資本主義本身具有跨國性，從而也形成了以西方爲源頭、中心和取向的全球化的發展，在其中，如前所述既允許一體化要求的存在，也允許差異和特殊的存在，所以在人類所謂的第一次現代化發展論述中，全球化與在地化（本土化）本來就是辯證結合的，而不是二元對立的，而在這個過程中，既成就民族國家和主權國家以其作爲辯證轉折的節點和中介，而同時又拆解民族國家的主權和領土界限，這或許可以解讀爲，資本主義和現代化的滲透發展，必須以全球化作爲一個社會的標的，進而再以全球社會爲載體再展開另一波或另一次的現代化；不過，這種新一波或新一次的現代化，不再是以國家爲單位、爲節點，而是通過全球／地

方的對應軸線或座標關係作爲載體，國家是否作爲全球中的地方或部分，才能在這新一波的現代化過程中扮演角色。

亦即國家是這新一波的現代化的節點之一，節點呈現座標化和多元化，這些節點可能是跨國公司、跨國力量、族群、階層、階級、種族、家族甚至個人，他們之間可以各自去對應資本主義和現代化的一體化力量，也可以合縱連橫的去面對，而這些合縱連橫可以表現爲既合作互賴又衝突鬥爭，甚至激盪出形成跨國的社群或社會力量，如歐盟或一些自由貿易區或區域主義、保護主義等組合。這些合縱連橫的發展，基本上受到文化或更大範圍更長遠意義的文明的制約和影響，因此，可以解讀爲文化或文明的互動、交融或衝突。不過，總的來說，應該算是文化的雜交（hybridity），雜交意味著一體化和特殊化的辯證結合，其過程和結果並不是單向化的邏輯所能涵蓋說明的，超出任何單向的力量的制約；這對於任何一方面而言其實都是文化的轉換或變革發展，都可能造成對自己的文化或文明的揚棄。其實，跨國公司企業、跨國力量的運作基本上都全面對上述這種一體化要求和凸顯差異性辯證結合的過程；其中尤其是跨國公司的運作絕不能以母公司或總公司所在地的組織文化或社會文化爲絕對的標準，企圖建構一種以總公司或母公司爲中心的大一統的文化或規範，而必須允

許各子公司或子企業，以其在地的組織文化或社會文化為基礎，凸顯其特殊和差異性，亦即，跨國公司或企業，必須承認子公司或企業文化的差異性，進而能將要求企業文化的一體化和顧及子公司或企業的文化差異性辯證的結合起來，然後跨國企業和公司才能順利運作。強調在企業內部建立大一統的文化或規範，這是傳統的現代化思維制約下的產物，並且具體的體現在福特主義的操作過程中。注意重視各子企業或公司的文化差異性，已經從現代主義的思維轉向後現代主義的思維。從後現代主義的思維來看，文化差異的存在，這是一種歷史現實，而不是一種缺點，必須承認接受它而不是要去克服抹掉它，從承認文化差異出發，就必須進一步認識到各子公司和企業都是具有差異性的文本，這些文本都沒有作者，但是它們共同營造了一種對話的氛圍，跨國公司或企業的運作，必須在以這些文本為基礎的前提下進行對話，而後才能運轉得順利。

　　當跨國公司、跨國力量在運作時，不能只看到發動者或施動者為取向的單向制約力，而必須注意到跨國運作中不同節點的差異性；而在這種一體化和特殊化辯證結合的過程，文化的雜交於焉出現，這是跨國力量發展的必然結果，也是世界或全球作為一個社會的文化屬性，亦即在這個社會中各種文化不斷辯證的雜交，呈現多層次多融合的

現象，源自於某些地方、團體、國家、公司、節點的具有
特殊性的力量，如果要發展當然就必須越過自身的侷限，
跨越在地甚至國家界限，展現全球化的格局。全球化是特
殊性力量發展或進步的必然過程，這是一個從特殊到普遍
的過程，可是當其在全球化時，又會面臨與在地化對應力
量互動的問題，這又是一個從普通到特殊的過程。此外，
全球化也代表著「脫國化」、「去國化」，但其運行還是
必須依託著節點來進行，而目前這些節點又主要是靠資訊
傳輸科技來支持，並且呈現密密麻麻的網絡狀社會，但並
沒有固定的形狀或結構，亦即，呈現一種非線性的甚至不
對稱的混沌組合。這種組合也許是另一種社會，或可稱爲
叫虛擬的社會，但它又是真實無比。這個社會到底是包含
在一般所講的跨國的全球或世界體系中，還是既重疊又有
獨立差異性，這是引發爭論的問題。不過，無論如何，它
是全球或世界社會中的主體或主軸支柱，抽離它，全球化
的內涵恐怕就會頓時喪失。而在這種網絡狀的節點串聯的
複雜組合中，層次分明的由上往下的強調一致和大一統的
官僚組合，恐怕真的愈來愈難以存在，至於依託在這種官
僚組織上的「統治」（governing）操作恐怕也會愈來愈難
以維繫，一種多中心、多文化的網絡狀的共同「治理」
（governance）的格局恐怕真的愈來愈符合現實的需要，而

隨著全球化的發展，治理格局愈來愈具有現實性，主權的原則和堅持，恐怕會愈來愈難以維繫，互賴的或包含式的主權操作恐怕也會愈來愈具有現實性。

在邁向全球或世界作為一個社會的過程中，許多區域性的跨國性「社會」或社群也許會不斷出現，形成了在全球或世界「社會」中又有許多以區域為範圍的「小社會」或「次社會」社群的存在；而在以這些區域為範圍的大小社會和社群外，又存在依託在資訊傳輸科技上的節點串聯的網絡狀組合；前者還是依循國家取向或邏輯來進行的（其自然結果形成跨國的格局），而後者基本上則依循「去國化」或「脫國化」的取向或邏輯來進行，這種網絡狀的跨國力量，如前所述，與實體社會既交纏又獨立，而將來配合資訊科技的發展，或許會出現「脫地球化」的發展，世界或全球範圍內的運作格局正在醞釀變化，這個變化既超出主權原則堅持的想像之外，又可能不是「統治」或「治理」格局所能去解釋得了的。至少通過「治理」或互賴合作或網絡狀格局的形成，基本上會使全球範圍中的行動體，愈來愈不能採取整體否定或整體肯定的方式，而必須以更彈性的、以個體取向來進行因事制宜的互動，否則將會付出巨大的成本。

跨國力量和趨勢的發展，當然給予自由主義者非常的

鼓舞，希望去除國家的藩籬和障礙，但我們不希望自由主義者只重市場經濟的普遍化爲思考取向，因爲這很容易陷入經濟主義的陷阱中；而且，當國家藩籬和界限被不斷的跨越後，不但主權的原則必須被重新思考，更重要的是，人類要面對的是，是否能繼續依循主權的原則和邏輯去思考全球或世界的問題；因爲全球或世界作爲一個社會，與作爲一個「系統」或「結構」必定是不一樣的。在全球化的發展過程中，隨著辯證「總體性」思維和邏輯的發展，空間和時間概念也會隨著改變，對各領域問題的認知解釋也會跟著改變，就連人如何算是個人這類的問題，恐怕都會更難界定；而進一步延伸下去，恐怕就連本體論、知識論、方法論等的建構也面臨必須改弦易轍。空間與時間不再以國家爲中心、甚至也不再以地方爲取向，全球或世界作爲一個實體，或作爲一個社會，恐怕不再是能從過去傳統的時空概念和社會概念所能完全解釋理解的；而這就出現一個非常令人尷尬的問題：全球和世界正在傾向作爲一個社會，可是這個社會恐怕又是非（傳統）社會的社會，或者也可叫做後社會；這種「社會」可能不但是「脫國家化」，也「脫地方化」，甚至也會具去既存社會邏輯的傾向。因此，在面向全球化的趨勢力量，人類已悄然的被轉換了，成爲非（傳統）人類的人類，我們所面對的未來，

不只是一個挑戰，更是充滿高度的不確定性，恐怕真的需
要我們更加嚴肅地去面對。當人們從既有的國家、地方、
時間、空間漂浮起來時，人們也正在從世界或全球漂浮起
來。因此，當全球化正在發展時，也許也是我們「脫地球
化」的開始，這絕不是一種夢幻式的想像，而可能是人類
即將面對的現實。

◎ 註釋

[1]A. D. Smith, *Nationalism in the Twentieth Century* (New York: New York University Press, 1979)；Ulrich Beck 著，孫治本譯，《全球化危機：全球化的形成、風險與機會》，台北：商務印書館，1999，頁 30-31。

[2]Alexander Wendt, *Social Theory of International Politics* (Cambridge University Press, 1999).

[3]R. Robertson, *Globalization: Social Theory and Global Culture* (London: Sage, 1992), Chapter 11，中譯本見梁光嚴譯，《全球化：社會理論與全球文化》，上海：上海人民出版社，2000，頁 249-250。

第六章 全球化的背後：
本體論與知識論初探

　　「全球化」作爲一個議題,其被討論的熱潮與強度正方興未艾,而作爲人的生活或生命體驗或經驗的環節,它正在改變人的時空觀、本體論、認識論以及在這三個向度制約下的方法論的變化,全球化對人類生活的衝擊,不但是物質層面的,還包含心理認知和思考層面。

一、全球化:一個新典範的出現

　　從人類在歷史發展的過程和邏輯來看,全球化是繼民族化、國家化以及「民族國家化」後湧現的一個新現象。它正在揚棄民族和國家界限,將人類帶往「第二個現代化」的方向發展[1]。傳統伴隨著西方啓蒙運動而來的現代性,是與民族/國家的形成發展相聯繫的,這是以領土爲取向的現代性,我們可稱爲「第一個現代化」;而目前,第一個現代化所孕育的動能必須通過跨領土界限的介面來進行,其途徑、方式甚至屬性內涵,也將因此出現變化,從而進入「第二個現代化」的階段。

　　傳統以領土爲取向,或者說「領土典範」是第一個現代化過程中所形塑的社會科學的後設基礎;而去領土化或跨國典範則是第二個現代化過程中社會科學的基礎[2]。從領

土典範出發，在場現地的經驗或體驗是社會科學建構或論述的基礎；但是非現地化的不在場經驗化體驗則是跨國典範所要求的作爲社會科學的新的基礎。跨國的不在場體驗或經驗，會更大比例的成爲人的生命和生活的重心或環節，這種經驗或體驗不是「身體力行」式的勞動、互動或是實踐的結果，而是在去身體化的方式下來進行的。社會科學的建構和論述不必然要在直接的感官經驗或身心體驗的基礎上才成爲可能。領土取向的空間，雖然是狹隘侷限的，但卻是相對具有確定性的；而跨國取向的空間，雖然是相對寬廣且無限延伸，但卻是浮動不確定和相對的。傳統的社會科學要求現地的在場經驗，基本上是以「一人一地」的邏輯爲基礎，而跨國典範則允許社會科學可以在去現地化的基礎上，以「一人多地」的方式來進行[3]。立即，從一個人一個空間向一個人多個空間的轉變，是社會科學從領土典範向跨國典範轉變的最具體的表徵。而這樣的空間，既然不是由領土和現地經驗來界定，就轉而由資本、市場、科技甚至文化力量等來界定，這種空間呈現多向度而且相互糾纏的狀況。

　　人類不再是通過領土所規定的界限以及由此所提供的管道來進行對外在世界的體驗，而是通過諸如資本、市場、科技甚至是文化力量等來在實存世界中勞動實踐，它們提

供人們多向度的勞動實踐管道，從而也讓人們彼此之間形成交互組合的、複雜的交往互動和溝通網絡，這些網絡不只成爲空間的支柱，而且也成爲空間的實質屬性的內涵；因此，空間對人而言，成爲多層次、多向度領域交叉組合的生命背景（context）。這種背景脈絡，一方面當然存在語言、文化、經濟和科技方面的種種限制和區隔，但另一方面又跨越了這些限制和區隔；當然，更不用說，它跨越了地理的界限。

長期以來，國家和社會作爲人們的生活空間，兩者之間通過領土界限被認爲是可以合一的；但其實，人們的交往互動和溝通網絡往往會突破領土地理界限，而使社會的運作範圍經常跨越國家界限，因此兩者其實不見得是合一的。而在全球或世界範圍內的交往互動和流通，則使「社會」不能再侷限在領土範圍內，更進一步跨越國家；當然，這樣的社會，不再是以領土爲取向屬於一個現代化意義的社會。不過，反過來從社會產生於功能分化的角度來看，從以領土爲取向的社會向跨領土界限的全球或世界社會的發展，代表著功能分化的力度已經從領土範圍向全球或世界範圍滲透和擴散。

總的來說，資本、市場、科技甚至是文化力量等的跨國界的發展，已經形塑了一個跨國界的巨大的人的勞動實

踐或生活的背景脈絡，這個脈絡既不會消除國界，但也不是以領土為取向的不同國家或社會加總的總和；它允許展現不同的「國家」或「社會」的特質，但不屬於任何國家或社會。而且，它不只作為個人或各種行動體進行勞動實踐的載體，而且也作為一個參考或對比框架而存在。更重要的是，在這個以全球為取向的大背景脈絡中，真實和虛擬相互滲透，互相支撐，在真實中有虛擬，虛擬中又有真實，呈現虛擬與真實的辯證結合現象。而在這種結合中，人的直接立即的感官經驗被替代，必須通過包括資訊和傳輸科技等作為介面，而被轉換或以不同的形式呈現。

現地或在地的行動實踐或體驗，是在全球這個大載體中進行；所以行動實踐或體驗的跨現地的或全球的意義，對被關注或被注意，會變成愈來愈自然平常；亦即個體行動實踐的「普遍化」意義的掌握認知，變成是知識形成過程中必要的邏輯，而這是一種行動實踐從特殊到普遍的過程。在全球大載體中行動實踐，必須面對承接這個大載體所呈現的結構制約力，從而將這種結構制約所具有的「普遍化」趨力以行動體的個別同時也可以稱為特殊的行動或實踐方式加以轉化，這是「普遍的特殊化」或從普遍往特殊的發展向度；從普遍的特殊化到特殊的普遍化，在以全球為載體的人或行動體的行動實踐中辯證的結合起來。在

這個結合中，不存在到底是全球這個大載體的結構制約力大，還是個人或行動體的行動實踐力大的問題，前者是個人或行動體的行動實踐之所以可能的場域，而後者則進一步發展前者作爲行動實踐場域的內涵，因此兩者是相互滲透、互相支持、互相保證的。總的來說，全球化的發展以及因此所形塑的全球大載體的存在，使從普遍到特殊以及特殊到普遍，或者是普遍的特殊化以及特殊的普遍化，更具象的成爲個人或行動體行動實踐的現實。

　　而從上述的邏輯再推演下去的是，直線的因果觀就必須被結構的因果觀所替代；或者講得再細一點，網絡式的因果觀可能將成爲掌握分析現象或事件的基礎。結構因果觀揚棄了彈子對球式的直線推論邏輯，跳出了化約的困境，讓研究分析回歸現實的複雜性。直線因果觀，將原因視爲獨立於結果之外，而且具有絕對權威的範疇，這是一種外在主義的因果觀；而結構的因果觀，則將因／果都視爲同時存在於結構內的兩個範疇，由因到果的發展，就代表著結構的變化與轉換，而不只是因／果兩個範疇間單純的關係而已，這種因果觀是一種內在主義的因果觀。雖然結構的因果觀，讓研究分析可以從化約回歸到複雜的現實，但是對於結構的內涵，其實仍然很容易陷入概括化約的困境中，突出諸如政治、經濟、文化或意識形態領域的

制約作用，而這些領域是被概括區別出來的，它們彼此之間雖然可以相互作用，但是又彼此具有界限。而網絡的因果觀，強調個人或行動體只是作為一個節點（node），這些節點不只是通過歷時性的階段，而且也通過共時性的方式相互串聯，它們之間的因果關係可以是一直線的、多線的、拋物線式的或者是幾種方式同時並存，甚至呈現多因一果、一因多果、果中有因、因中有果或循環因果的觀察。如此，可能會讓人更混亂的是，也有可能出現似因非因、似果非果以及互為因果的現象。

　　伴隨此而來的是，時間觀念的丕變，直線的歷時性的時間觀，被拋物線式的、多維多介面式的時間觀所替代，而通過此時間觀改變而來的是，對於傳統因果觀造成巨大的衝擊。在新的時間脈絡中，或許更會存在多重的因果關係，通過垂直面、水平面、縱切面、橫切面甚至多切面，構成一個因果關係網；這也許可稱為一個因緣和合的網絡圖景，而在這個因果關係網絡中，地理界限、膚色、種族、語言、文化的界限被跨越，但各自的特色不會被取消，反而會通過這種因果關係網被認知，以及在各擁有特色的前提下被串連起來；亦即，這個因果關係網絡提供了一個擴張的介面和通道，讓各自的特色能夠儘可能的被廣為周知。

　　從結構面向來進行分析，經常會陷入客觀結構決定論

的困境中，把結構視爲是獨立於人或行動體之外的客觀實體，然後這個客觀實體會如泰山壓頂般的制約影響人或行動體；這種分析途徑把結構和人或行動體的關係看成是一種異化的關係，我們可以稱爲「外在主義的結構分析」，這種分析把結構的內在複雜性加以化約，而且把人或行動體排除在結構之外；因此，整個分析經常陷入背離現實的嚴重困境之中，而爲了糾正這種偏失，結構分析就會往內在主義的方向轉折，把結構既視爲客觀實體也視爲是人或行動體從事行動和實踐的場域，甚至更進一步將結構和人或行動體之間視爲是一種辯證的結合關係。不過，內在主義的結構分析對研究者而言，是一種巨大的壓力，因爲，結構的內在複雜性總是超越研究者所提出的研究途徑或方法之外，因此，爲了克服這種壓力和困難，研究者就必須強調或凸顯結構中的某些因素或向度或領域的重要性，宣稱它們會起主要或重要的促進或影響作用；這種強調或宣稱其實也算是一種化約，仍舊可以成爲「必要的」化約。但是，歷史和結構的複雜現實性，總是會催促著人們必須不斷從化約中解放出來，嚴肅的面對歷史和結構的複雜現實性。

　　從跨國典範來看，全球才算是唯一的結構；而這個結構又涵蓋了許多次級的交錯的結構，從而也不斷甚至時時

刻刻形塑出不同形狀和態樣的結構；所謂的「全球」或「世界」就通過這些不斷在重塑或重組的結構而呈現出來。「全球」或「世界」作為這些結構操作運作的載體，但是反過來，「全球」或「世界」也必須通過這些結構的操作或運作而具有內涵和意義。如果再緊扣著上述的因果關係的分析，我們可以說，結構是通過網絡狀的因果關係呈現的，而順著這種邏輯推下去，我們可以說，「全球」或「世界」是通過網絡狀的因果關係網呈現在我們面前的。

　　以領土為範圍的結構對研究者而言，都已是巨大的壓力，而進一步放大到全球範圍的結構，對研究者更是沉重的壓力。研究者必然會面對更嚴峻的方法論和研究途徑的革命性衝突。

　　從結構面向出發來研究，雖然存在著化約或無法盡括結構複雜性的問題；但無論如何，存在著把被研究對象加以放大，與總體的歷史和因果關係網絡相結合的意圖，由客觀總體結構來觀照個人或行動體；這種「從總體看個體」或「由大看小」的研究分析途徑，強調個人或行動體的存有基礎或行動實踐基礎的重要性，而相對的不重視個人或行動體作為主體的回應，特別是心理的或所謂的「理性的」回應。對照上述這種研究分析途徑，可以反過來變成「從個體看整體」、「由小看大」，強調個人或行動體的選擇

或所謂的理性計算的重要性；不過，在這麼做的時候，其實也很容易是一種化約，其結果不只是將總體的複雜性化約，還會將個人或行動體的行動或實踐加以化約，變成只是所謂純粹「理性」的選擇或計算。

其實個人和行動體所處的結構位置以及與之相隨的身分認同，會影響其理性的選擇或計算；理性的選擇或計算雖然有其基本的原則，可是其表現方式卻可以因個人或行動體的結構位置與身分而用不同方式加以呈現；當結構的範圍從實體社群、領土界限向跨國發展，以及從實體世界向虛擬世界轉換，甚至出現真實與虛擬相互滲透結合的時候，個人或行動體所具有的結構位置與身分，變成是多層次和多面向的；因此，也就增加選擇或計算的複雜性甚至是難度。亦即，人或行動體對於「我是誰」或「我到底位於何處或位置」等作爲行動實踐基礎的這兩個基本問題的回答，其所需要的參考介面和座標可能更形多元和複雜。從個人或行動體到全球，其中交錯著許多不斷重組的大大小小、不同樣態的結構和因果關係網絡；而在個人或行動體到全球之間的放大或回縮擺盪穿梭之際，其實我們真實感受到「一即一切」、「一切即一」的道理，因爲由個人或行動體通過交錯的結構和因果關係網絡會成就作爲大千世界的「全球」。

二、人向全球的復歸

「全球」其實已不是一個地理、物理或純粹實體的範疇，它代表著個人或行動體繼承行動實踐所賴以成為可能的臨界場域；而這也意味著，必須「從全球中來」，然後我們才可能進行選擇和計算，而重新不斷「到全球中去」。更重要的是，在虛擬向度或介面的不斷被開拓，「全球」更漂浮起來，超越既有的地理、物理和實體限制；因此，從人或行動體的行動實踐來看，它更大代表著行動實踐可以不斷跨越框架界限的潛能和動量。

而從另一個角度來看，從人類歷史的發展來看，整個歷史可說是人類逐步跨越各種文字、語言、文化、地理、族群界限，並以更大範圍，甚至全球為生命實踐的過程；在漫長的歷史過程中，人通過種種文字、語言、地理、文化、族群界限阻隔了人與全球的關係，而通過資本、市場、經濟、宗教與科技等作為介面，人又跨越了種種界限，逐步能與全球串聯，並以全球為生命實踐的場域；這種發展，一方面可說是一種進化或進步，但是另一方面也可以說是一種人向全球的復歸；講得細一點，全球本來就是人生命

實踐的原鄉，可是人要復歸這個原鄉，卻是步履蹣跚，歷經波折、艱辛與災難。

人在復歸全球化這個原鄉的過程中，在某種意義上，當然代表著空間的壓縮[4]；但是在另一方面，更代表著空間的多元分殊化；而適應這種空間格局的變化而來的是，人的感官經驗的能力和屬性也必須隨之演化和轉換。因爲空間的壓縮或多元分殊化，也代表著人的感官經驗甚至整個生命實踐能力的轉換或進化，而這更意謂著人作爲人的內在能力和屬性的變化，不斷迎向以全球作爲實踐場域的生命格局；其實，從另一個角度來看，人在復歸全球這個原鄉的過程，也代表著全球向人的復歸，全球在人的生命實踐中呈現；這不只代表著人的命運與全球直接關聯，人的思維意識的方式與邏輯受到全球框架的制約，以及生命實踐格局通過全球來呈現，同時也代表著全球是通過人的生命實踐的串聯才成爲可能。個人或行動體一方面成爲串起全球的個別節點而具有特殊性，一方面又作爲其他節點之所以能串聯的介面或中介，從而具有普遍性。

三、建構或實存的迷思

從西方的歷史來看，在中世紀後，通過世俗化
（secularization）運動，不只區隔了政治與宗教，使宗教不
能再成為政治認同的憑藉，而且也強調人必須回歸所謂的
理性，通過對事物的觀察、分析或計算去掌握外在世界或
操作個人或行動體的生命實踐。這種世俗化的發展，也被
解釋成人的現代化或人群集團的現代化。而更重要的是，
這種世俗化被解釋成與近代以科技發展為主體的文明發展
直接關聯起來；通過這些詮釋建構，西方相對於非西方的
優越意識昂揚，東方主義（Orientalism）論述也隨之被建
構[5]；而與東方主義論述的建構相配套的是，種種奠立在世
俗化運動的基礎上並以西方為取向或中心的現代化論述或
其他大論述於焉出現。這些大論述的建構，宣示西方自認
為對非西方的垂範或示範是必須的而且是應該的，於是隨
之而來的是，要求以西方為取向的一體化論述和實踐也被
認為是必須而且是應該的。

從世俗化運動到現代化的發展及其相關大論述的建
立，不只讓西方找到垂範非西方的辯護基礎，從而也使西

方對非西方的殖民統治或帝國主義作風找到合理化的說
詞；甚至也成就在西方主導下，以西方爲取向或中心的國
際政治生態格局的定位或理論建構；因爲，作爲國際政治
理論主流的現實主義或自由主義的論述，基本上都把國家
或其他相關行動體直接看成是進行理性計算的經濟行爲
者。此外，這股從世俗化運動到相關現代化的大論述的發
展，也延伸出從資本、市場和科技向度進行有關全球化的
論述。而從這個脈絡所成就的全球化，被認爲是客觀的過
程，而環繞這個脈絡所進行的全球化論述，基本上就成爲
一種經濟主義並且以資本和市場爲導向的唯物式的全球化
論述；當然，這種論述更可稱爲經濟自由主義的全球化論
述，甚至更白一點講，可說是市場基本教義主義式的全球
化論述。

　　這種論述的主調之一，不外是要求國家或政治必須與
市場經濟聯盟；此外，更重要的是，要求國家或政治必須
「屈從」在市場資本力量之下，從而形成一種上下從屬式
的聯盟關係，以便於使資本市場力量能夠更具足跨國界或
政治的能力與條件。而因爲這種論述把全球化講成是客觀
的過程，從而將經濟全球化當成是每個人或行動體必須面
對的客觀「宿命」，不能違抗或逃避；企圖違抗或逃避是
逆反潮流趨勢跟自己過不去，無異是以卵擊石或螳臂擋

車。於是，通過少數這種論述和脈絡所「建構」的全球化，因爲被強調爲客觀的，因此也就宣稱可以價值中立，不必碰觸責任和倫理相關向度的問題。這種去責任和倫理的全球化論述，從唯物的方式去界定了「全球」的結構格局和生態屬性，進而也制約了個人或行動體進行行動實踐的認知和方向。亦即，我們人所處的生活世界絕不是純粹原始的狀態，它是被建構出來的，我們在這個被建構出來的世界中從事行動實踐；當然，我們的行動實踐可以進一步使既有的建構獲得更進一步的鞏固，或是觸動既有建構的變化。

上述這種經濟主義全球化的論述雖然是主流，但也引起相當多的質疑和挑戰，從而企圖以非經濟的諸如文化和宗教等向度，或綜合性涵括經濟和非經濟的向度去論述全球化[6]，這些相關而且互相競爭的全球化論述，都以不同的向度或途徑界定了「全球」的結構格局和生態屬性；這種形勢的發展，無異告訴我們，人所處的生活世界是一個「多元建構」的世界；不只這個世界不是純粹原始的，就連我們的感官經驗也絕不是純粹原始的，而是會隨這種建構而演化發展的。

而更重要的是，我們處在被建構的世界中，這代表著我們必須通過這些建構才能從事行動實踐，也才能貼近或

進入我們的生活世界中。從多元建構中出發去行動實踐，並從多元向度或途徑去貼近或進入生活世界，這也代表個人或行動體本身就是多元世界或多元全球化的體現或化身。亦即，個人或行動體既是受「多元建構」制約的節點，同時也是承接「多元建構」的焦點。接受一元化建構的向度或途徑，可說是對個人或行動體的行動實踐的化約。諸種向度的相關論述可以對個人或行動體進行一元化或一體化的要求；但是，個人或行動體不可能只按這種向度或途徑來行動實踐，因為個人或行動體的行動實踐本來就是多元和多向度的，承接各種一元化或一體化的論述，然後可以以多元向度的方式加以呈現；亦即，一元化和多元化可以在個人或行動體的行動實踐中獲得辯證的統一，而這也就是一種現代和後現代的統一。

其實，個人或行動體在上述這種「大」的被多元建構的生活世界中展開行動實踐時，也會受通過自身行動實踐所建構的「小」的生活世界的制約，這種制約就是個人或行動體去承接「大」的生活世界的條件，而這種條件讓個人或行動體能各自具有「特色」的去承接「大」的生活世界，並展開行動實踐。就算只化約的接受某種一元化的建構，個人或行動體還是可以各具特色的展開其行動實踐；亦即，一元化或一體化這種「現代性」展現建設中的標準

要求在具體的行動實踐中，會被特殊化轉變成具有後現代
意涵的多元展現。通過普遍的特殊化建設，普遍才能得以
實現；這或許可以說，一元化或一體化的要求必須通過多
元文化或特殊化的過程，才得以實現。以後現代的方式或
途徑才能呈現「現代性」，後現代不只是作爲現代之「後」，
或者是向另一個現代轉折的過渡階段。後現代是我們追求
任一種形式的變化發展或目標所必需的途徑。

　　前面曾經論及，以領土和民族國家爲取向的現代化是
第一個現代化，而以跨國或全球爲取向的後現代化是第二
個現代化。第一個現代化是通過領土或民族國家範圍內的
政教分離、凸顯科技或工具理性的重要性、功能分化等世
俗化的操作而表現出來的，這種操作被認爲可以跨越個
人、族群、階級或階層差異而具有普遍的意義，而從這種
被認爲具有普遍意義出發，出現了前述的西方中心主義的
相關現代化大論述，在強調西方垂範非西方或現代化應該
跨越國界、種族、膚色和地域差異的同時，形成了一體化
或一元化的要求；「現代化」源於西方，並且被建構成可
以垂範非西方，從而認爲，全世界可以被建構成一體化或
一元化的「現代化」世界，這是西方世俗化運動從特殊到
普遍的發展過程；而在這個過程，非西方世界在承接時，
其實都以各自具有特色的方式或途徑來進行；亦即，也可

以說是，以後現代的方式來承接現代化的實踐；而也就在
這樣的過程中，才成就了經濟主義或資本主義市場或世俗
化取向的全球化的發展；這種全球化的發展當然還包括了
西方強勢的資本市場力量的完全主導，西方也是全球化結
構中重要的一環。「現代化」在普遍到特殊的過程中被多
元化和特殊化，而這些多元化和特殊化的「現代化」表現
又相互滲透、相互碰撞，出現混合交參的雜交（hybridity）
現象；於是，所謂「效率」、「功能」、「理性」和「利
潤」、「利益」的定義，都出現多元的發展趨勢或因地制
宜的彈性。因此，個人或行動體在其行動實踐歷程中，可
能必須經歷多元的、有差異的「效率」、「功能」和「理
性」的定義情境。個人或行動體被「統一」在多元有差異
的歷程和情境中；換句話說，就因為多元和差異的存在，
個人或行動體之間才能交往互動和溝通，甚至才具有相似
性或「一致性」；這是所謂第二個現代所具有的特性。在
第一個現代化展現的過程中，主要是去異求同，而在第二
個現代化展現的過程中，則主要是存異求同。

　　以後現代的方式或途徑追求現代化，基本上會讓我們
揚棄第一個現代化而轉折到第二個現代化。全球化的發展
或向全球化的復歸，更規定了我們必須走上述的這個方
向，某個或一元的目標，必須允許通過多元的方式或途徑

去呈現，這是一元或多元的辯證統一，然後可能會從而去
豐富發展一元化目標的內涵，而使這個目標具有全球化的
意義。

四、全球化下人的轉變

　　全球化對人而言，既代表著空間的壓縮，也代表著人
的直接感官經驗能力的被替代，這種替代其實也可以被看
成是延伸；而隨著這種發展而來的是前述的時間觀的改
變。時間加空間既是人先天的感性直觀能力，但同時又受
到被建構出來的生活世界的制約，亦即，作為人先天感性
直觀能力的時間和空間，其表現形式是隨著被建構出來的
生活世界的變化而改變的。而隨著人的感官經驗能力的被
替代和延伸，這代表著人的感官經驗不必然是必須以實體
接觸為基礎的，非實體的虛擬的過程可以是人的感官經驗
的組成部分。而人的生活世界從家庭、社群、國家向全球
的延伸，更代表著人的感官經驗非實體化的發展。人不可
能只是通過直接的實體接觸去貼近或活在生活世界中，人
必須通過非實體的虛擬介面去延伸我們的實體接觸能力。
直接的實體接觸是一種感官經驗，而非實體接觸則更是我

們生活能力的表現。全球化的發展，或我們向全球的復歸，代表著我們必須通過更大程度的非實體虛擬的「經驗」去面對我們的生活世界。也許，有一天，我們直接實體接觸的經驗範圍會愈來愈小，而非實體虛擬的經驗範圍會愈來愈大，不斷突破我們自體直接有限的感官經驗能力的限制。這樣的發展，會向我們提出一個看似簡單而其實非常尷尬的難處：感官經驗到底是什麼？只有奠立在直接感官經驗基礎上才算是「真的」嗎？而隨著非實體虛擬的經驗範圍的逐漸擴大，「人」到底是什麼？如何重新去認知、看待和界定「人」？

　　全球化的發展，是人向全球的復歸，代表著傳統意義的「人」的質變，是一種新的、以非實體化的虛擬經驗為主體的「人」的出現；到頭來，現在所謂的虛擬經驗反過來會成為「真實的」，而人必須通過更大範圍、更全面的虛擬介面去貼近活在生活世界或全球之中。更重要的是，人的非實體虛擬化，不只會讓他可以復歸或迎向全球，更可能會讓他再跨越全球，向跨越全球的方向去發展。而非實體虛擬範圍的擴大，甚至成為「真實的」，對於傳統的以實體為後設基礎的本體論、方法論或知識論都將產生結構性的衝擊，我們必須嚴肅的加以面對。而值得注意的是，面對這種衝擊，我們已不太可能從以往的主體主義

（subjectivism）和客觀主義（objectivism）二元劃分的途
徑去進行思考或論辯。因爲連何謂主體和客體這個基本的
問題，都必須被解構和重建；我們即將進入並經歷一個解
構革命的時代。

◎ 註釋

[1]Ulrich Beck, Jürgen Habermas, et al.，王學東、柴方國等譯，
《全球化與政治》，北京：中央編譯出版社，2002，頁 3。

[2]「跨國典範」一詞，請參見註[1]，頁 7。

[3]同註[1]，頁 35、51-53。

[4]Max L. Stackhouse & Peter J. Paris eds., *Religion and the
Powers of the Common Life* (Trinity Press International,
2000), pp.53-54.

[5]有關「東方主義」的分析，請參閱 Edward W. Said，王志
弘、王淑燕等譯，《東方主義》，台北：立緒，1995。

[6]Peter Berger, *Religion and Globalization* (Sage Publications,
1994), pp.14-44.

第七章 全球治理與兩岸關係：主權、安全、認同與區域主義觀的再探討

　　「政治冷經濟熱」是目前用來概括描述兩岸關係最常見的語辭,這種概括背後所蘊涵的深層內涵,凸顯了目前兩岸關係的結構本質。還原這個結構本質之後,我們或許才能再爲兩岸互動找出新的出路。

　　目前兩岸關係結構是一種不完全的治理（governance）結構[1],一方面雖然兩岸國家機器的政治力量,都企圖建構由上而下的掌握管理兩岸互動的權威,以及由此權威所延伸出來的秩序,但是雙方又不願或不能直接交鋒和接觸。於是在另一方面又必須透過半官方的代理者或民間社會的力量作爲中介或槓桿,這就替民間社會循著由下至上的方式參與兩岸間的互動提供了空間和條件。亦即兩岸關係不是一種純粹以國家或政府爲中心的結構,而是國家和民間社會一起參與的多行動主體的結構。在這個結構中,權威運作其實呈現去集中化的現象,沒有真正單一的權力中心的存在,公、私和自願團體部門在這個網絡中互爲中心,任何問題的解決都已不能被化約成某單方面努力的結果,而是各方共同作用下的結果;亦即,在這個結構中,各行動主體是互賴而不是互斥的;他們之間可以因應不同時空情境自行自發的改變互動的組合,國家或政府一方面是這種網絡中的一個節點或環節,而另一方面充其量只扮演網絡中協調者的角色,使這個網絡中的參與者能夠持續互

動，並形成各種因時制宜的安排去解決各種問題。

　　可是，兩岸的國家機器一方面雖然認知到必須通過民間社會作爲雙方互動的槓桿或中介，可是　方面又努力地想要把兩岸的關係結構導向甚至固著在以國家或政府爲中心的方向上去，從而把問題的解決看成是國家或政府由上至下權威行使的結果。讓上述的網絡朝單一權力中心的方向發展；或更甚者，還企圖把民間社會當成是由上至下權威行使的工具或從屬的環節，從而不能真正的把民間社會當成是網絡中對等的節點或環節。

一、一個反思：當代主權內涵的變化

　　二次大戰結束後，主權觀念主要被分爲外在（external）和內在（internal）兩個層次來理解。從外在向度論主權，主要是指涉國家和外部國際社會的關係，強調國家必須獨立於外在力量之外，不可受制於國家之外的其他權威，並且擁有在自己領土內的完全和獨占的權力；而從內在向度論主權，主要是指涉國家和其他內部社會的關係，強調國家擁有比在領土範圍內其他權威更高的位階，並且有權利去統治和控制領土範圍內的社會各個領域甚至包括個人的

生活和行爲。從外在向度呈現的主權又被稱爲法理主權，而從內在向度所呈現的主權，經常又被稱爲經驗主權。法理主權又可細分爲兩個層次：威斯特伐利亞主權（Westphalian sovereignty）以及國際法主權（international legal sovereignty）。前者主要是通過強調互不侵犯和干涉原則作爲支撐和保證；而後者主要是通過強調國家間相互承認原則作爲基礎。至於經驗主權又可稱爲內政主權（domestic sovereignty）。但是伴隨資訊科技的發展，以及諸如環境和生態問題的湧現所促成的全球治理（global governance）和網路的出現和互賴（interdependence）程度的不斷提升，已經促使主權的內外在向度的界限逐漸崩解，並且已經使互賴向度成爲我們思考主權問題時必須考量的，而互賴主權也儼然成爲我們必須正視甚至接受的範疇。國家通過互賴向度，雖然一方面必須讓渡主權，但另一方面卻能展現國家處理跨國事務和問題的能力。

其實，在現實層面來看，主權的外在和內在向度是不必然連結在一起的。擁有形式的法理主權並不意謂就擁有內政或經驗主權，或是擁有內政或經驗主權並不意謂擁有充分的法理主權。或者講得更細點，擁有威斯特伐利亞主權並不意謂有遂行互賴主權的條件和能力。

幾乎到冷戰結束前，聯合國主要重視法理主權原則的

建立和強化，並且認爲，國際秩序是建立在對法理主權的集體接納的基礎上；亦即，在此階段，聯合國基本上視法理主權優先於經驗主權，或外在主權優先於內在主權。而隨著冷戰結束後世界格局的變化以及前述全球治理及互賴情境的形成與提升，包括聯合國在內的國際和全球各種機制都轉而逐漸重視經驗主權甚至互賴主權的重要性。

就從西方的邏輯來看，沒有行使內在主權的能力和條件，徒有形式的法理主權，這不算真正成熟的獨立；而翻開歷史，我們可以看到，西方殖民國家確實經常以非西方地區無法具有行使內政主權的能力和條件，作爲拖延或拒絕使其獨立的理由；聯合國成立的功能，主要是宣示不能以無法擁有內在主權的能力和條件作爲拖延或拒絕非西方世界獨立或擺脫被殖民的理由。

此外，外在主權、特別是威斯特伐利亞主權的堅持，主要是與政治領導者和政府、而不是與市民社會連結在一起的，對於所謂外在主權的維護或堅持，往往提供獨裁統治的某種藉口或合理化辯護的基礎；諸多獨裁極權統治很容易以維護主權獨立爲槓桿，拒絕國際社會對其內部侵犯人權狀態的關切。回顧歷史，這種堅持所謂國家主權拒絕國際干涉的主張，可以上溯到霍布斯（Thomas Hobbes）和布丹（Jean Bodin）的有關國家主權的論述，這種一脈相傳

的國家主權的論述被認爲很容易背離民主原則。而洛克
（John Locke）相對地較能從自由民主原則，將主權往人民
主權（popular sovereignty）方向定義。這種主權觀強調主
權最終的根源來自於人民，它是代表人民並且爲維護人民
權利，以及由人民來行使的權力，亦即，主權的行使必須
與人民的意志連結起來，一個國家的主權之所以能被尊
重，必須是一個國家的人民有機會去行使他們政治、經濟
和文化的權利。以此觀之，主權絕不能與抽象的實體如國
家或某些軍事或文人獨裁者連在一起，而必須與國家內部
的人民權利的展現聯繫起來[2]。

隨著這種主權和安全觀從國家往人民取向的轉變，其
實就爲國際干涉找到合理化辯護的基礎，並且可以給予國
家主權某些限制。上述通過互賴所形成的對國家主權的限
制是一種自然形成的結構性限制，而從人民取向對國家主
權的限制是一種規範性的限制。

通過互賴加速了全球化的發展，而全球化反過來也會
擴大互賴的程度。不過，互賴和全球化發展落實到西方和
非西方的關係上，出現了新的爭議。其中要者如「到底是
誰的全球化？」、「全球化是否等於西方化？」和「互賴
是否等於要非西方國家放棄主權？」等問題。而環繞這些
問題的爭論，所延伸出來的核心問題是：面對全球化和互

賴趨勢，國家主權能否維持，以及如何再定位。而許多非西方國家很容易將全球化和互賴詮釋為西方化的深化發展，進而認為全球化和互賴趨勢和機制的形成與發展，已成為西方將其價值觀念強加在非西方世界並且企圖破壞其國家主權的槓桿和通道。

　　事實上，從人民主權的向度出發，要求對國家主權做出限制，也很容易被非西方國家解讀成西方國家的陰謀，就如前述，企圖將西方的價值理念強加在非西方社會之上。如此一來，人權、自由民主甚至是人民自決的要求，都很容易被解釋成西方干涉非西方國家內政和侵犯國家主權的霸權表現。

二、兩岸之間的主權觀認知與轉折

　　中共迄今在對台的政治向度上仍然堅持傳統的「威斯特伐利亞主權」的立場，不願往「互賴主權」（interdependence sovereignty）方向轉折[3]，導致許多非政治性的問題也被政治化，從而被擱置無法解決；再加上中共迄今仍不願放棄武力犯台，進而使兩岸關係網絡無法真正建構解決爭端的機制或以溝通為基礎的解決問題的流程。由於以上這些因

素,使得兩岸關係雖然出現包括企業、非政府組織在內的民間社會各種力量共同投入參與的治理格局,但卻仍然沒有形成完全的治理結構。亦即,兩岸關係已呈現治理格局,但雙方的國家機器或政府卻一直按由上而下的權威行使的統治(governing)方式來面對兩岸關係,這是目前兩岸互動中的最主要問題,而明乎此,我們也才能瞭解爲何兩岸目前會呈現前述「政府冷經濟熱」情景的原因。

中共通過中國傳統歷史邏輯建構了以上對下的「一國兩制」架構途徑來對待台灣,而作爲這種架構途徑辯護的是國家主權的論述。這種國家主權的論述不只成爲中共對台政策作爲的辯護系統,也成爲對內統治的合理化辯護工具。由於國家主權論述的核心是以國家機器、政府、政治領袖的正當性如何證成爲焦點,基本上不是以市民社會或人民爲主體;於是,由此所延伸出來的對內對外政策作爲都會呈現以國家爲中心,強調由上至下權威行使的統治格局。

不過,兩岸關係其實早已屬於經濟全球化的環節,再加上環境生態、毒品、走私等跨越兩岸政治界限問題的湧現,以及通訊傳輸技術的快速發展,已使兩岸進入互賴的情境中,任何一方的改變或重大事件都可能引起另一方的反應或對另一方產生影響;因此,兩岸雙方各自的內外界

限早已趨於模糊或遭到侵蝕，而所謂國家主權也連帶遭到限制，不得不向互賴主權的方向轉折，這種形勢的發展基本上是不依人的意志而改變的；但是，中共卻對這種轉折充滿疑慮甚至要加以阻擋，深怕因此衝擊到其對台灣的國家主權的論述基礎。

另一方面，兩岸互賴情境在台灣內部激起現實主義和自由主義兩種觀點的分歧。現實主義者傾向於從相對利得的角度去計算在互賴過程中台灣是否獲得比大陸更多的利益；而自由主義者則傾向於從絕對利得的角度去強調互賴可使兩岸雙贏。這兩種觀點雖有差異，但是以國家為取向的論述方式則是一樣的，因為兩者都相當抽象的強調所謂國家或台灣總體利益的得失[4]。

兩岸雙方、特別是中共一方面要堅持國家主權，但另一方面又無法抵擋互賴結構的制約。互賴結構會限制國家主權，但雙方（雖有程度不同）卻都害怕因此而使自己受到衝擊和傷害，這是兩岸關係運作的另一個問題，而這個問題與上述問題是相關聯的。

其實，因應兩岸關係這種形勢，國家主權必須經過再詮釋，甚至有必要更進一步向人民主權的方向轉折，讓主權的焦點從政府、國家機器轉向人民，從而強調主權的行使必須與人民的意志體現連結起來，而政府領導者必須透

過民主過程取得正當性；從這個意義再推衍下去，就必須
認識到，主權若要受到尊重，必須讓國家是政治實體內部
的人民有機會去遂行他們政治、經濟和文化的權利[5]。主權
被再詮釋或論述爲人民主權，兩岸的互賴結構才得以轉化
成更爲積極正面的結果，而不只是像目前這樣徒然激化雙
方的疑慮或各自內部的路線分歧。而且，通過這種以人民
爲取向的主權論述轉折，也才能使兩岸不完全的治理格局
轉化成真正完全的治理格局；因爲，在這種主權論述下，
市民社會才會真正取得參與兩岸關係運作的正當地位，從
而使兩岸關係呈現國家和市民社會共同操作的多行動主體
的網絡結構。

　　隨著這種主權論述轉折而來的是，兩岸的安全觀也必
須從國家取向向社會或人民取向轉折，亦即必須從國家安
全觀向人民安全觀轉變。而這種轉變主要是形塑一種大安
全觀，跨越對領土、統治菁英和所謂國家利益保護的限制，
進一步強調保護人民，一方面使人民的權利免於受到雙方
國家機器的侵犯和傷害[6]，而另一方面則要求人民有權利參
與兩岸治理格局的操作。

三、全球治理格局的形成與內涵

　　兩岸關係的網絡結構，雖具有其特性，但其也屬於全球網絡的一個環節。而全球網絡的形成，反映全球治理格局的發展。全球治理格局是通過國家和非政府組織或更廣義的市民社會力量共同形成的，在這個格局中，不會存在固定的階層，正式（官方）和非正式的管道相互滲透，由上至下的權威行使和由下至上的自發組織和要求交叉進行，力求打破地理、社會、經濟、文化或是政治的界線，不會按單一的組織原則或遊戲規則來運作；這個格局的形成並不意味什麼新的世界秩序的形成或出現，而是處在變動不居的過程中，通過這個過程也許可以形成各行動主體間的交互主體性的溝通，甚至解決問題[7]。

　　全球治理當然是世界互賴的呈現，而促成互賴的主要原因之一是通過包括資訊和通訊傳輸科技的發展，從而縮小社會、經濟、政治和地理距離所導致的。其中尤其是網路和寬頻科技的綜合多媒體的能力、高度互動性和立即性，加速了跨國溝通、網絡社會關係和參與式政治的發展，而這些發展也進一步促成市民社會全球化的發展[8]。

　　非政府組織（NGO）是全球市民社會中最主要的環節。而長期以來，人們在理解 NGO 時，都是從國家中心主義或取向出發，把 NGO 看成是企圖影響國家行為的壓力團體或利益團體。一直到了一九九〇年代中期以後，才逐漸擺脫國家中心主義，把 NGO 放入更寬廣的全球市民社會的範圍之中，從而以「人民為中心」，把 NGO 看成是促動國際政治朝民主化程度、使國家主權受到合理限制、形塑跨國多邊參與式政治過程的主要機制或力量[9]。

　　由電腦網路和電信傳輸技術所建構而成的資訊生態，沒有固定的界限，而流動性是它的本質；因為在這個生態中，資本、技術、符號都處在不斷的流動過程中；而也因為如此，空間也隨著流動、漂浮起來，不再固著在固定的地理和民族國家實體之上；當然，它們的生活實踐場域也跟著流動、漂浮，不再以固定的地理和民族國家作為界限。在這個資訊生態中，交織著電子脈衝網絡，並且透過許多節點來連接這些網絡，而這些節點指的主要是那些「資本─技術」菁英。這些菁英與電子脈衝網絡形成互相支撐、互相保證的結合關係，衝破了國家地理界限，把更多的事物和人的生活實踐層面捲入資訊生態中[10]。

　　在這個資訊生態中，政府已經無法壟斷有關資訊的收集與獨占的權力，而許多人和單位或團體，利用和獲得資

訊的能力大為增加，這相對地也使得非政府組織的人員和
數量的快速增加獲得現實的物質支撐。如此一來，非政府
組織的權力相對於國家，當然也就大大地提升[11]。此外，
在資訊生態中，由於掌握資訊和以資訊為基礎的知識的能
力，影響包括國家和許多非政府組織的競爭力和發展前
途，非政府組織在這方面能力和權力的相對提升，當然相
對的會衝擊政府的權力地位，政府被迫或自然而然地必須
和非政府組織分享權力，國家／政府與非政府組織在被納
入資訊生態的同時，資訊生態的流動性，使得問題的解決
不可能只侷限在國家範圍之內來進行，而必須透過跨國界
的作為和過程來加以處理。其實，國家／政府、非政府組
織、企業、「資本–技術」菁英，都是資訊生態中的節點，
他們之間透過電子脈衝網絡作為中介，必須形成一個合縱
連橫的關係，彼此互相支撐、互相保證，而不是互相排斥。
被納入資訊生態中，作為其中的節點，就會具有銜接資訊
生態網路的角色，不能被其他節點所排斥或故意視而不見。

　　處於資訊生態中，政府的傳統權力當然會受到侵蝕，
而包括企業、非政府組織在內的市民社會的權力會增加；
不過，我們不能從零和的格局來看待這些現象，因為上述
這些現象正顯示零和觀點的侷限。因為，政府傳統權力的
受侵蝕，意味著其權力角色的轉變與調整，我們不能貿然

地去推論政府或國家即將式微、凋零或消亡，國家／政府
在資訊生態中仍將扮演不可或缺的節點；只不過，它不能
排斥非政府組織、企業等市民社會的單位和力量作爲資訊
生態中的節點；而且，它不能再繼續以國家中心爲基礎，
去排斥和市民社會的權力分享，因爲，資訊生態的流動性，
決定政府必須有能力和非政府組織或力量合縱連橫，以及
藉此來解決許多跨國界的問題。亦即，國家和市民社會的
界限絕對不能再被簡單的二元劃分，彼此已經形成一種相
互支持、相互保證的辯證結合關係；而隨著資訊生態的流
動性所延伸出來的是市民社會的全球化和跨國化，因此國
家和政府與市民社會權力的分享，絕不會是在內政主權向
度上來進行，會涉及到互賴主權的向度，在跨國領域中來
操作。

　　總之，由資訊和電信傳輸技術所建構而成的資訊生
態，不但可以擴大全球市民社會的民主空間，而且可以使
國際關係朝民主化的方向發展，在國際社會中創造了公共
領域，擴大公眾參與的可能性，營造一種跨國多邊的參與
情境。在這種情境中，事件或議題相對於以前很容易成爲
全球公共領域討論的對象，而由於前述 NGO 運用資訊生態
能力的提升，使 NGO 有可能主導議題討論和解決的走向，
甚至形成跨國聯合的力量，擴大公眾參與的管道，把國際

關係導向擴大的（enlarged）多邊主義的方向發展，並對國家主權構成限制[12]；而這些限制基本上是屬於規範性的限制，因為其涉及全球性或跨國性的由下至上的人民或市民社會力量的展現。

議題和事件很容易被置於擴大的多邊主義情境中，這反映了全球治理的現實。而這種多邊主義情境，是 NGO 和全球市民社會之所以能夠對國家主權產生限制或制約力的槓桿和載體。迄今仍然讓中共非常頭痛的法輪功現象，基本上就是通過資訊生態促成擴大的多邊主義情境從而對中共國家主權形成制約的例子。

四、兩岸間的治理格局：全球／區域的辯證

兩岸關係既然屬於全球治理結構的環節，當然也會受到擴大的多邊主義情境的制約；不過，中共卻一直希望把兩岸壓縮成上對下的雙邊關係，儘可能的想要排除擴大的多邊主義情境的制約，或者把這種制約解釋成西方價值影響力的滲透，甚至是西方對中國內政的干預。但是，無論如何，由於全球化過程所延伸出來的全球價值如個人自由、自由市場、自由民主、正義、環境保護等都會對中共

國家主權論述構成規範性的限制或制約[13]。而這些價值可以歸結成人權和自由民主兩大範疇。對提升個人自由、定期選舉、尊重人權、建立民主的遊戲規則等的強調，除了對國家主權會構成限制外，也會強化人民主權。而如果主權能夠更進一步地被普遍解釋爲人民主權，那麼對國家的干預，以防止國家破壞人權或不行民主，就有可能找到合理化的辯護基礎。當然，中共仍然可能會把人權的普遍化和標準化繼續解釋成西方將其價值強加在非西方國家的陰謀；不過，隨著中共加入「世界貿易組織」（WTO），更進一步融入全球經濟體系，其國家主權受到伴隨著全球化過程而來的規範化限制程度，將可能持續增加，而且隨著全球化的發展和全球治理格局的形成，除了有必要再詮釋主權外，已有修正聯合國憲章的呼聲。

聯合國本身是通過維護國家主權作爲基礎組成的，但同時又負有維持國際和平安全的責任；而在後冷戰時代，影響國際和平安全的因素或事件經常是發生在國家內部；因此，聯合國必須進一步負起解決（主權）國家內部衝突，進而保護人民免於受到傷害的責任；亦即，基於現實的需要，聯合國已不能只扮演單純的國家主權的捍衛者角色，而必須發展出促進人民主權的角色。其實在「聯合國全球治理委員會」（The Commission on Global Governance）一

九九五年的報告中，就傾向於從人民主權的角度去詮釋主權，並且建議聯合國的憲章應該修正，允許安理會可以在人民安全受到國家機器嚴重破壞時，基於人道理由，採取行動進行干預[14]。

由於中共對台灣堅持強硬的國家主權立場，使得兩岸的政治關係一直低盪不前；從而使兩岸必須隔空通過資訊生態或全球治理格局來進行對話或互動。當然，中共也從其基本立場出發，一直圍堵台灣透過治理格局來和中共對話或互動，其理由是避免兩岸關係或所謂台灣問題的國際化。而爲了能藉全球治理爲槓桿來和中共對話和互動，甚至制約中共，台灣近十年來通過實質外交和務實外交的途徑，努力爭取在不計較名分的情況下進入國際組織，因此，從一九九三年開始，便有鼓動加入或重返聯合國的運動，此外，也以中華台北的名義加入 APEC；而且亦已於二○○二年一月一日以「台澎金馬關稅區」的名義正式加入 WTO。

從這些發展可以看出，台灣對於全球治理格局的運用，著重在國際組織或政府組織，但由於國際現實主義的制約，成效並不算大。其實，台灣除了繼續重視全球治理中的國家層次的重要性外，還須加強對 NGO 和全球市民社會力量的重視。甚至可以和一些重要的 NGO 形成合縱連橫

的合作或結合，增強掌握前述所提及的擴大多邊主義情境的力度和機會，並且融入全球性的對國家主權進行規範性限制的主流力量中。

我們很容易把區域主義和全球化對立起來，但其實兩者之間是一種共謀關係。區域主義是全球化的組成部分，是全球化的槓桿或載體，更是對全球化的回應。亦即，全球化是通過本土化或區域主義作爲載體才得以不斷的獲得實現，而本土化或區域主義是不同國家和地區表現全球化的方式和途徑。

在全球化和後冷戰結構的制約下，區域主義已從內向型轉向外向型，具有區域特色的方式和途徑來承接全球化；而且，區域主義已不再侷限於純經濟或政治的層面，而具有包含文化、歷史的多元層次的整合互動意義。此外最重要的是，區域主義的發展和運作不再完全以國家爲中心，而是以多種形式。歐盟和東協等是以國家爲單位的區域主義表現；而包含香港、廣東、福建、澳門和台灣在內的經濟整合被認爲是另一種區域主義的表現，不過這一種次級區域主義（subregionalism），並沒有把中國大陸的經濟版圖整個捲入，而只有東邊兩省和港澳、台灣形成區域經濟區。亦即，次級區域主義只在國家經濟的邊境地區，而其原因主要是歷史的遺棄和自然的經濟力量所促成，並

不是國家主導下的結果[15]。上述的經濟區之所以成形，與兩岸迄今無法直接交通，必須透過香港作爲中介有著直接的聯繫關係。香港因素是一個歷史遺留的因素，當其產生變化時，台灣以其和中國大陸的經濟地理的鄰近性，可能還可發展與中國大陸蒲東地區以上海爲中心的經濟地帶另一種形式的經濟區。

　　另一種區域主義叫做小區域主義（microregionalism），這可與上述以國家爲中心的區域主義相區隔，因爲後者通常被稱爲大區域主義（macroregionalism）。小區域主義通常是以國家內部的城市或經濟爲主體，通過與其他國家內部的城市或經濟區間所形成的技術經濟網絡形成連結。亦即，這種區域主義的形成也不是政府主導形成的，而毋寧是全球財貨和服務市場這隻看不見的手所促成的[16]。這些能夠互相連結的跨國城市和經濟區，通常都是帶動經濟成長的火車頭，它們可以吸收投資，帶來繁榮，享有主要的經濟角色；因此，也愈來愈會要求更大的自主性。這種小區域主義是一種新形式的「漢徹同盟」（Hanseatic League），呈現出以許多城市爲多元中心的網絡組合。未來，也許是城市而不是民族或國家將成爲大多數人尋求認同的對象和基礎，這將衝擊民族和國家界限，區域或城市經濟互賴將進一步跨越政治疆界；或許未來有可能出現國家和城市相

分離的情況，城市通過資訊和傳輸科技作爲槓桿，會串起複雜的網絡，掌握世界的資本、財貨和資訊流，其運作並不需要按照國家或城市的邏輯來進行，擁有相當程度的自主性，國家或政府想要進入全球資本財貨和資訊流中，就必須進入這個以城市爲單位的網絡，否則很容易被邊緣化。這並不是說，國家或政府將完全被取代，但至少，城市和小區域主義將是國家的合夥人或對立力量。其實，小區域主義和以國家爲中心的大區域主義並不是完全對立，小區域主義的進化發展將促進大區域主義的出現，而且反之亦然。

冷戰時期的舊區域主義是兩極架構制約下的產物，而後冷戰時期的新區域主義，除了前述從內向型轉向外向型外，則是在多極架構下產生的。前者是強權由外強塑而成的，至於後者則是由於經濟互賴的深化所自然促成的，而其所表現的形式有上述三種類型，這三種類型的區域主義之間會具有重疊性，從而使得區域主義出現多邊形，並且構成複雜的網絡。亦即，舊區域主義所呈現的是以強權爲中心的統治格局，而新區域主義則呈現以國家、市民社會和企業公司共同構成的治理格局。

中國大陸因爲歷史因素和幅員廣大所造成的經濟地理條件的差異甚大；因此，基本上不容易和周遭的國家地區

形成真正的大區域主義，而相對的較容易形成小區域主義和次級區域主義，這種現象同樣的表現在兩岸關係上。隨著兩岸加入 WTO，兩岸的經貿關係將更形密切，雙方之間的次級區域主義和小區域主義將更會合縱連橫式的進行，而以城市或內部經濟區為中心的經濟整合或互動也將展開，這些區域主義的驅力，將要求朝更為完全的治理格局發展，三通問題將被提上更為迫切的議程表上，挑動雙方國家機器更為敏感的神經，甚至造成市民社會（特別是台灣內部）和國家機器的張力，而這種張力的緩和與消解則必須通過將國家主權向人民主權方向轉折，才具有可能性；而且，以這種主權取向作為槓桿，兩岸三通問題的癥結也才有化解的機會。

五、治理格局下的兩岸安全與認同議題的發展與轉變

　　兩岸三通的癥結主要表現在雙方各自表述的國家主權的堅持上。而從國家主權論述延伸出來的邏輯，除了將三通和主權掛勾外，就是將三通和國家安全連結，甚至進而將三通和國防關聯起來；於是，三通被帶上相當濃厚的軍事色彩和意涵，認為有可能不利於國防操作和軍事安全的

部署。這是一種軍事化的安全觀,它是非常狹義的,並不
符合兩岸關係的現實需要。或許可以用逆向的方式來思
考,使三通增進國家的安全,甚至有助於國防,從而使安
全增加經濟的向度,真正形塑一種多面向的(multifaceted)
的安全觀。

　　軍事向度只不過是維護國家安全的一環,它是手段而
不能變成目標,安全才是最終極的目標,要促成國家安全
可以有包含軍事和非軍事的多元的管道和手段,不能將之
化約爲純軍事主義的觀點[17]。而且,在全球政治經濟和文
化互賴大環境的制約下,國家主權受到侵蝕,已是很明顯
的現實,主權已從絕對主義的向度和互賴的向度轉折,從
而出現互賴主權的現象,而國家能否有效的表現其互賴主
權,也攸關國家涉外事務能力的大小。

　　從這個角度觀之,如果只是從國家取向界定安全,並
且認爲所謂維護國家安全就是維護國家領土主權的完整,
其實沒有多大的現實意義。我們必須將國家取向的安全觀
進一步轉爲社會和人民取向的安全觀。這種安全觀不允許
國家機器及其領導人以維護所謂國家安全之名傷害社會和
人民的福祉和權利,或是作爲替其統治進行合理性辯護的
工具;亦即,這種安全觀要求國家要有更大的能力表現,
既能維護國家安全又能保障人民免於國家假藉維護國家安

全來侵犯他們的各種權利。為了保護和維護人民的安全和權利，才去維護國家安全；而不能將人民安全和權利的維護從屬在維護國家安全之下。

國家迄今仍然是國際體系中重要的行動者，但已不是唯一的行動體。而前蘇聯的崩解不只標誌著冷戰的結束，更重要的，也代表著國家和民族不再能直接連在一起[18]。民族也許可以被想像建構，但並不能完全被創造和形塑出來，前蘇聯通過幾十年長期的政治工程和意識形態的運作，希望能夠創造一個大蘇聯民族，可是從前蘇聯的解體看出並不成功。甚至從近代以來的世界史可以看到，許多「沒有民族的國家」、「沒有國家的民族」、「許多民族建立一個國家」、「一個民族分成幾個國家」的現象的存在，民族和國家並不必然的連結，只不過在進化主義史觀的導引下，把民族和國家的結合視為是必需的，因為其代表人類歷史進步。亦即，民族和國家的連結是人為造作下的偶然而絕不是必然，而這種人為的連結是通過國家民族主義和種族民族主義兩種方式來進行，不過，這種進行是在強權的主導和制約下展開的，在冷戰結構涵蓋下，許多民族國家內部形成國家主義，以建立威權或極權國家機器作為配合兩極對抗的條件，而隨著這種冷戰結構的結束，原來的國家主義操作不再能維繫，這就為國家內部的民族

或種族主義的勃興創造了條件。於是民族或種族踏上時代舞台，成爲全球格局中有利於國家的行動者。

　　傳統的國際政治理論以國家爲中心，論述的核心就是將國際政治看成是國家間的權力角逐，因此也就是權力政治；但是當民族和種族成爲國際社會另一個行動主體時，國際政治就不再只是國家間的權力政治，而會轉成是以國家與民族或種族間，或民（種）族內部的認同問題爲核心的認同政治。以認同爲基礎的張力和衝突，將成爲未來國際和國內政治的主流。而對於安全議題的思考，也不再能以國家爲中心，必須將民族和種族納入考慮，因此安全不再只是所謂捍衛國家領土主權的完整，而更與認同的建構和維繫所延伸出來的危險和威脅有關。

　　而認同之所以會形成張力、衝突和危險，主要是因爲人們從本質主義去看待定位和運用認同，在各自本質主義的堅持下，形成二元對立思維和實踐邏輯。但其實，認同絕不是一種既成的或既定的事實，而是人爲建構和創造出來的，人們永遠處在一個不斷創造和消解的現實中，因此認同是流動的、複式的，尤其是在資訊化和全球化的時代，我們更難想像純粹絕對的本質來作爲認同的基礎，人們可以在不同情境和社會脈絡中，或人生的不同時刻按照不同的原則去表現其不同。

　　在資訊化和全球化的制約下，甚至連構成民族認同的基本要素如文字、語言和習俗大都與他者（others）文化融合，呈現雜文化。而且在全球治理的格局下，國家不再是操作認同的唯一主導者，在不斷發展的多元主體的交叉互動過程中，多元認同的操作已不可免。兩岸長期以來都從國家民族議題操作的途徑，通過凸顯和堅持國家主權來解決各自的問題。而在國家主權受到全球化所延伸出來的互賴形勢，以及隨著全球化所延伸的西方價值（人權、自由民主、人民自由等）的普遍化的制約，從國家主權的堅持解決認同問題已愈來愈不可行，中共在面對全球化的規範性制約時，基本上是從後殖民主義論述來進行，把規範性的制約轉移成西方中心主義的擴張和滲透，希望造成西方對非西方國家的文化和意識形態的宰制和支配。

　　隨著全球治理格局的發展和兩岸威權體制的演變，未來兩岸的領導人，必須注意到國家主義的操作難度勢必加強，而國家或主權不再能成為人們認同的唯一對象或憑藉，認同多元化是一個必然的趨勢，而國家之外的民族或種族認同，甚至更細部的族群認同，都將影響國家和國際安全。而未來兩岸之間或各自內部的衝突有可能會更進一步與認同問題有關，基於認同問題而來的衝突的預防與解決，絕對不可能從國家取向、以國家機器為中心來進行，

而必須通過國家、市民社會和個人共同參與的治理格局作
爲槓桿，不過這種問題的解決，絕不可能是將之導向重建
一個大一統的認同，而是要建立一個既允許多元認同存
在，但又不會造成衝突甚至戰爭的情境。

◎ 註釋

[1]R. A. W. Rhodes, "The New Governance: Governing without Government," *Political Studies*, XLIV (1996), pp.653-660；Lawrence S. Finkelstein, "What is Global Governance?" *Global Governance,* 1 (1995), pp.367-372；張亞中，〈全球化下的全球治理：主體與權力的解析〉，「全球治理與國際關係」學術研討會，2001.6.2，政治大學外交系主辦。

[2]Samuel M. Makinda, "Sovereignty and International Security: Challenges for the United Nations," *Global Governance,* 2 (1996), pp.150-151.

[3]Stephen D. Krasner, *Sovereignty: Organized Hypocrisy* (Princeton University Press, 1999), pp.3-9.

[4]涂志堅，〈柯林頓總統時期美中台戰略三角之互動之研究〉，台灣大學政治研究所碩士論文，2001，頁28-29。

[5]同註[2]。

[6]同註[2]，pp.152-153.

[7]James N. Rosenau, "Governance in the Twenty-first Century," *Global Governance*, 1 (1995), pp.13-18.

[8]Craig Warkentin & Karen Mingst, "International Institutions, the State, and Global Civil Society in the Age of the World

Wide Web," *Global Governance*, 6 (2000), pp.239-240.

[9]同註[8]，pp.238-239.

[10] Manuel Castells，夏鑄九、王志弘等校譯，《網絡社會之崛起》，台北：唐山，2000，頁 86-88；Manuel Castells, *The Informational City: Information Technology, Economic Restructuring, and the Urban-regional Process* (Oxford: Blackwell Publishers, 1989), pp.10-11.

[11]Jessica T. Mathews, "Power Shift," *Foreign Affair*, January / February (1997), pp.51-52.

[12]同註[8]，pp.251-252.

[13]同註[2]，pp.155-156.

[14]同註[2]，p.164.

[15]James H. Mittelman, "Rethinking the 'New Regionalism' in the Context of Globalization," *Global Governance*, 2 (1996), pp.190-192.

[16]同註[15]，pp.191-192.

[17]同註[2]，pp.153-154.

[18]同註[2]，p.314.

参考資料

一、中文參考資料

(一)書籍

王水雄，《結構博奕：互聯網導致社會扁平化的剖析》，
　　北京：華夏出版社，2003。

王　列、楊雪冬，《全球化與世界》，北京：中央編譯出
　　版社，1998。

王岳川編，《後殖民主義與新歷史主義文論》，山東：新
　　華出版社，1999。

王逸舟，《全球化時代的國際安全》，上海：上海人民出
　　版社，1999。

王　寧、薛曉源，《全球化與後殖民批評》，北京：中央
　　編譯出版社，1998。

包宗和、吳玉山編，《爭辯中的兩岸關係理論》，台北：
　　五南，1999。

朱　剛，《薩伊德》，台北：生智，1999。

江宜樺，《自由主義、民族主義與國家認同》，台北：揚
　　智文化，2000。

李英明，《中共研究方法論》，台北：揚智文化，1996。

李英明，《中國：向鄧後時代轉折》，台北：揚智文化，

1999。

李英明，《中國大陸研究》，台北：五南，1994。

李英明，《網路社會學》，台北：揚智文化，2000。

李英明，《鄧小平與後文革的中國大陸》，台北：時報文化，1995。

俞可平主編，《全球化：全球治理》，北京：社會科學文獻出版社，2003。

俞可平主編，《全球化時代的社會主義》，北京：中央編譯出版社，1998。

俞可平、黃衛平主編，《全球化的悖論》，北京：中央編譯出版社，1998。

俞正梁等，《全球化時代的國際關係》，上海：復旦大學出版社，2001。

胡元梓、薛曉源，《全球化與中國》，北京：中央編譯出版社，1998。

倪世雄等，《當代西方國際關係理論》，上海：復旦大學出版社，2002。

徐　賁，《走向後殖民與後現代》，北京：中國社科院出版社，1996。

張京媛，《後殖民理論與文化認同》，台北：麥田，1995。

張國清，《羅逖》，台北：生智，1995。

張貴洪主編，《國際關係研究導論》，杭州：浙江大學出版社，2003。

曹　莉，《史碧娃克》，台北：生智，1999。

陸忠偉主編，《非傳統安全論》，北京：時事出版社，2003。

陶東風，《後殖民主義》，台北：揚智文化，2000。

華英惠，《迎接 WTO 時代》，台北：聯經，2000。

黃瑞祺，《現代與後現代》，台北：巨流，2000。

楊雪多，《全球化：西方理論前沿》，北京：社會科學文獻出版社，2002。

廖炳惠，《回顧現代：後現代與後殖民論文集》，台北：麥田，1994。

趙汀陽，《沒有世界觀的世界》，北京：中國人民大學出版社，2003。

趙敦華，《勞斯的《正義論》解說》，台北：遠流，1998。

蔡政文，《當前國際關係理論發展及其評估》，台北：三民，1989。

鄭祥福，《後現代主義》，台北：揚智文化，1999。

閻學通，《中國國家利益分析》，天津：天津人民出版社，1996。

龍永樞主編，《海峽兩岸經貿合作關係研究》，北京：經濟管理出版社，1998。

簡瑛瑛編，《認同、主體、差異性》，台北：立緒，1995。

羅　鋼、劉象愚，《後殖民主義文化理論》，北京：中國
　　社科院出版社，1999。

Adda, Jacques，何竟、周曉幸譯，《經濟全球化》，北京：
　　中央編譯出版社，2000。

Beck, Ulrich，孫治本譯，《全球化危機：全球化的形成、
　　風險與機會》，台北：商務印書館，1999。

Beck, Ulrich, Habermas, Jürgen, et al.，王學東、柴方國等
　　譯，《全球化與政治》，北京：中央編譯出版社，2002。

Boehmer, Elleke，盛寧譯，《殖民與後殖民文學》，香港：
　　牛津大學出版社，1998。

Castells, Manuel，夏鑄九、王志弘等校譯，《網絡社會之
　　崛起》，台北：唐山，2000。

Castro, Fidel，王玫等譯，《全球化與現代資本主義》，北
　　京：新華書局經銷，2001。

Cohen, Paul A.，林同奇譯，《在中國發現歷史：中國中心
　　觀在美國的興起》，台北：稻鄉出版社，1991。

Der Derian, James 主編，秦治來譯，《國際關係理論批判》，
　　杭州：浙江人民出版社，2003。

Dirlik, Arif，王寧等譯，《後革命氛圍》，北京：中國社會
　　科學出版社，1999。

Dougherty, James E. & Pfaltzgraff, Robert L. Jr.，閻學通、陳寒溪等譯，《爭論中的國際關係理論》（第五版），北京：世界知識出版社，2003。

Giddens, Anthony，陳其邁譯，《失控的世界：全球化與知識經濟時代的省思》，台北：時報文化，2001。

Group of Lisbon，張世鵬譯，《競爭的極限：經濟全球化與人類的未來》，北京：中央編譯出版社，2000。

Held, David，沈宗瑞譯，《全球化大轉變：全球化對政治、經濟與文化的衝擊》，台北：韋伯文化，2000。

Huntington, Samuel P.，周琪等譯，《文明的衝突與世界秩序的重建》，北京：新華出版社，1998。

Jervis, Robert，秦亞青譯，《國際政治中的知覺與錯誤知覺》，北京：世界知識出版社，2003。

Lodge, George C.，胡延泓譯，《全球化的管理：相互依存時代的全球化趨勢》，上海：上海藝文出版社，1998。

Martin, Hans-Peter & Schumann, Harald，張世鵬等譯，《全球化陷阱：對民主和福利的進攻》，北京：中央編譯出版社，1998。

Nash, Kate，林庭瑤譯，《全球化、政治與權力》，台北：五南，2001。

Rawls, J.，李少軍、杜麗燕、張虹譯，《正義論》，台北：

桂冠，2003。

Robbins, Bruce，徐曉雯譯，《全球化中的知識左派》，北
　　京：中國社會科學出版社，2000。

Robertson, Roland，梁光嚴譯，《全球化：社會理論與全球
　　文化》，上海：上海人民出版社，2000。

Said, Edward W.，王志弘、王淑燕等譯，《東方主義》，
　　台北：立緒，1995。

Said, Edward W.，蔡源林譯，《文化與帝國主義》，台北：
　　立緒，2001。

Snyder, Craig A.，徐偉地等譯，《當代安全與戰略》，吉
　　林人民出版社，2001。

Tomlinson, John，鄭棨元、陳慧慈譯，《全球化與文化》，
　　台北：韋伯文化，2001。

Waters, Malcolm，徐偉傑譯，《全球化》，台北：弘智文
　　化，2000。

Wendt, Alexander，秦亞青譯，《國際政治的社會理論》，
　　上海：上海人民出版社，2000。

(二)期刊論文

林碧炤，〈全球治理與國際安全〉，「全球治理與國際關
　　係」學術研討會，台北：政治大學外交系，2001.6。

涂志堅，〈柯林頓總統時期美中台戰略三角之互動之研
　　究〉，台灣大學政治研究所碩士論文，2001。

張亞中，〈全球化下的全球治理：主體與權力的解析〉，
　　「全球治理與國際關係」學術研討會，台北：政治大
　　學外交系，2001.6。

鄭端耀，〈國際關係「新自由制度主義」理論之評析〉，
　　《問題與研究》，1997，卷36，期12。

蕭全政，〈東亞「區域主義」的發展與台灣的角色〉，《政
　　治科學論叢》，2001，期14。

蕭全政，〈後冷戰時代的兩岸關係〉，《理論與政策》，
　　1995，卷10，期1。

二、英文參考資料

(一)書籍

Anderson, B., *Imagined Communities*, 2nd ed., London: Verso,
　　1991.

Baldwin, David eds., *Neorealism and Neoliberalism: The
　　Contemporary Debate*, New York: Columbia University
　　Press, 1993.

Barker, Chris, *Cultural Studies: Theory and Practice,* Sage

Publications, 2003.

Barrett, Neil, *The State of the Cybernation*, London: Kogan Page, 1996.

Berger, Peter, *Religion and Globalization,* Sage Publications, 1994.

Bhabha, Homi, *The Location of Culture*, London and New York: Routledge, 1994.

Burchill, S., Devetak, R., Linklater, A., Paterson, M., Reus-Smit, C., & True, J., eds., *Theories of International Relations*, Palgrave, 2001.

Campen, Alan D. & Dearth, Douglas H., eds., *Cyberwar 2.0: Myths, Mysteries and Reality*, AFCEA International Press, 1998.

Castells, Manuel, *The Informational City: Information Technology, Economic Restructuring, and the Urban-regional Process,* Oxford: Blackwell Publishers, 1989.

Castells, Manuel, *The Power of Identity,* Blackwell Publishers, 1999.

Cohen, Warren I., *The Cambridge History of American Foreign Relations,* IV, New York: Cambridge University

Press, 1993.

Dirlik, Arif, *The Postcolonial Aura: Third World Criticism in the Age of Global Capitalism,* Westview Press, 1997.

Dirlik, Arif & Meisner, Maurice, eds., *Marxism and the Chinese Experience: Issues in Contemporary Chinese Socialism*, M. E. Sharpe, 1989.

Dittmer, Lowell, *China under Reform*, Westview Press, 1994.

Elman, Colin & Elman, Miriam Fendius, eds., *Progress in International Relations Theory: Appraising the Field*, The MIT Press, 2003.

Frankel, Joseph, *Contemporary International Theory and Behaviour of States*, London: Oxford University Press, 1967.

Gilpin, Robert, *The Political Economy of International Relations*, Princeton: Princeton University Press, 1986.

Gramsci, Antonio, *Selections from the Prison Notebooks,* New York: International Publishers Co., 1972.

Harding, Harry, *China's Second Revolution: Reform after Mao*, The Brooking Institution, 1987.

Ikenberry, G. John, *After Victory: Institutions, Strategic Restraint, and the Rebuilding of Order after Major Wars,*

Princeton, New Jersey: Princeton University Press, 2001.

Krasner, Stephen D., *Sovereignty: Organized Hypocrisy*, Princeton University Press, 1999.

Lukács, Georg, *History and Class Consciousness,* trans. by Rodney Livingstone, Cambridge: MIT, 1971.

Marcuse, H., *Counterrevolution and Revolt*, Boston: Beacon, 1972.

Marcuse, H., *One Dimensional Man,* Boston: Beacon, 1964.

Marcuse, H., *Reason and Revolution*, New York: Oxford University Press, 1941.

Martin, Lisa L. & Simmons, Beth A., eds., *International Institutions: An International Organization Reader*, The MIT Press, 2001.

Meisner, Maurice, *Mao's China and After,* New York: The Free Press, 1986.

Miller, David, *On Nationality*, Clarendon Press, 1997.

Moore-Gilbert, Bart, *Postcolonial Theory: Contexts, Practices, Politics*, Verso Books, 1997.

Nardin, Terry, *Law, Morality and the Relations of States*, Princeton: Princeton University Press, 1983.

Peterson, V. S., ed., *Gendered States: Feminist (Re)visions of*

International Relations Theory, Boulder, 1992.

Piaget, Jean, *Structuralism,* trans. & ed. by Chaninah Maschler, London: Routledge & Kegan Paul, 1971.

Pirages, D., & Sylvester C., eds., *Transformations in the Global Political Economy*, London: Palgrave Macmillan, 1990.

Rajan, Gita & Mohanram, Radhika, *Postcolonial Discourse and Changing Cultural Contexts*, Greenwood Publishing Group, 1995.

Rawls, John, *A Theory of Justice*, Cambridge, Mass.: Belknap Press of Harvard University Press, 1971.

Robertson, R., *Globalization: Social Theory and Global Culture,* London: Sage Publications, 1992.

Rosenau, James N. & Czempiel, Ernst-Otto, eds., *Governance without Government: Order and Change in World Politics*, Cambridge: Cambridge University Press, 1992.

Said, Edward, *Culture and Imperialism*, New York: Alfred A. Knopf, Inc., 1993.

Said, Edward, *Orientalism*, New York: Vintage, 1979.

Said, Edward, *The Text and the Critic*, London: Vintage, 1991.

Schram, Stuart R., *Ideology and Policy in China Since the Third Plenum, 1978-1984,* University of London, 1984.

Schurmann, Franz, *Ideology and Organization in Communist China.* Berkeley: University of California Press, 1968.

Shirk, Susan L., *The Political Logic of Economic Reform in China*, University of California Press, 1993.

Smith, A. D., *Nationalism in the Twentieth Century,* New York: New York University Press, 1979.

Spegele, Roger D., *Political Realism in International Theory*, Cambridge University Press, 1996.

Spivak, Gayatri Ghakravorty, *The Spivak Reader: Selected Works of Gayatri* Chakravorty Spivak, Routledge, 1995.

Stackhouse, Max L. & Paris, Peter J., eds., *Religion and the Powers of the Common Life*, Trinity Press International, 2000.

Toffler, Alvin, *Powershifts Knowledge, Wealth and Violence at 21st Century*, Bantam Books, 1990.

Toffler, Alvin, *The Third Wave*, New York: Morrow, 1980.

Toffler, Alvin, et al., *War and Anti-war: Survival at the Dawn of the 21st Century*, Boston: Little Brown & Company, 1993.

Tsou, Tang, *The Culture Revolution and Post-Mao Reform*, Chicago: University of Chicago Press, 1986.

Walder, Andrew, *Communist Neo-traditionalism: Work and Authority in Chinese Industry*, Berkeley: University of California Press, 1986.

Waltz, Kenneth, *Theory of International Politics*, Boston: Addison-Wesley, 1979.

Welch, David A., *Justice and the Genesis of War,* Cambridge University Press, 1993.

Wendt, Alexander, *Social Theory of International Politics*, Cambridge University Press, 1999.

Young, Robert, *White Mythologies: Writing, History and the West*, 1990.

Youngs, Gillian, *International Relations in a Global Age: A Conceptual Challenge*, Polity Press, 1999.

(二)期刊論文

Baldwin, David, "Neoliberalism, Neorealism and World Politics," in David Baldwin (ed.), *Neorealism and Neoliberalism: The Contemporary Debate*, New York: Columbia University Press, 1993.

Banks, Michael, "The Inter-paradigm Debate," in M. Light &
A. J. R. Groom (eds.), *International Relations: A
Handbook of Current Theory*, London: Lynne Rienner
Publishers, 1985.

Burns, John P., "The People's Republic of China at 50:
National Political Reform," *The China Quarterly*, 159,
1999.

Copeland, Dale C., "Economic Interdependence and War: A
Theory of Trade Expectations," in Michael E. Brown,
Owen R. Cote, Jr., Sean M. Lynn-Jones, & Steven E.
Miller (eds.), *Theories of War and Peace*, The MIT Press,
2000.

Deng, Ping, "Taiwan's Restriction of Investment in China in
the 1990s," *Asian Survey*, 40:6.

Finkelstein, Lawrence S., "What is Global Governance?"
Global Governance, 1, 1995.

Lapid, Josef, "The Third Debate: On the Prospects of
International Theory in a Post-positivist Era,"
International Studies Quarterly, 33, 1989.

Makinda, Samuel M., "Sovereignty and International Security:
Challenges for the United Nations," *Global Governance*,

2, 1996.

Mathews, Jessica T., "Power Shift," *Foreign Affair*, January / February, 1997.

Mittelman, James H., "Rethinking the 'New Regionalism' in the Context of Globalization," *Global Governance*, 2, 1996.

Nathan, Andrew, "A Factionalism Model for CCP Politics," *The China Quarterly*, 53, 1973.

Rhodes, R. A. W., "The New Governance: Governing without Government," *Political Studies,* XLIV, 1996.

Rose, Gideson, "Neoclassical Realism and Theory of Foreign Policy," *World Politics*, 51, 1998.

Rosenau, James N., "Governance in the Twenty-first Century," *Global Governance*, 1, 1995.

Sanger, David E., "New Realism Wins the Day as Senate Passes Trade Bill," *New York Times*, September 19, 2000.

Shue, Vivienne, "Grasping Reform: Economic Logic, Political Logic, and the State-society Spiral," *The China Quarterly*, 144, 1995.

Sylvester, C., "The Emperors Theories and Transformation:

Looking at the Field through Feminist Lens," in D. Pirages & C. Sylvester (eds.), *Transformations in the Global Political Economy*, London: Palgravc Macmillan, 1990

Tickner, J. A., "On the Fringes of the World Economy: A Feminist Perspective," in C. Murphy & R. Tooze (eds.), *The New International Political Economy*, Boulder, 1991.

Warkentin, Craig & Mingst, Karen, "International Institutions, the State, and Global Civil Society in the Age of the World Wide Web," *Global Governance*, 6, 2000.

Wendt, Alexander, "Constructing International Politics", in Michael E. Brown, Owen R. Cote, Jr., Sean M. Lynn-Jones, & Steven E. Miller (eds.), *Theories of War and Peace*, The MIT Press, 2000.

我是秋天裡無雨的雲朵，但在田野的一片稻熟中，看見了我的豐饒。　　/泰戈爾

I am the autumn cloud, empty of rain, see my fullness in the field of ripened rice. / Tagore

我是秋天裡無雨的雲朵，但在田野的一片稻熱中，看見了我的豐饒。　／泰戈爾

I am the autumn cloud, empty of rain, see my fullness in the field of ripened rice. / Tagore

我是秋天裡無雨的雲朵，但在田野的一片稻熟中，看見了我的豐穫。　/泰戈爾

I am the autumn cloud, empty of rain, see my fullness in the field of ripened rice. / Tagore

我是秋天裡無雨的雲朵，但在田野的一片稻熟中，看見了我的豐饒。　/泰戈爾

I am the autumn cloud, empty of rain, see my fullness in the field of ripened rice. / Tagore

我是秋天裡無雨的雲朵，但在田野的一片稻熱中，看見了我的豐饒。　　/泰戈爾

I am the autumn cloud, empty of rain, see my fullness in the field of ripened rice. / Tagore

國家圖書館出版品預行編目資料

國際關係理論的啓蒙與反思 / 李英明著. -- 初版.
-- 台北市：揚智文化, 2004[民 93]
面； 公分. -- （Polis ; 30）
參考書目： 面
ISBN 957-818-644-4（平裝）

1. 國際關係 – 哲學,原理

578.01 93010986

國際關係理論的啓蒙與反思 Polis 30

著　　　者／李英明
出 版 者／揚智文化事業股份有限公司
發 行 人／葉忠賢
總 編 輯／林新倫
執行編輯／晏華璞、張何甄
登 記 證／局版北市業字第 1117 號
地　　　址／台北市新生南路三段 88 號 5 樓之 6
電　　　話／(02)2366-0309
傳　　　真／(02)2366-0310
E - m a i l／service@ycrc.com.tw
網　　　址／http://www.ycrc.com.tw
戶　　　名／葉忠賢
郵撥帳號／19735365
印　　　刷／偉勵彩色印刷股份有限公司
法律顧問／北辰著作權事務所　蕭雄淋律師
初版一刷／2004 年 7 月
定　　　價／新台幣 250 元
I S B N／957-818-644-4